AF469001

VIE

DE MESSIRE

ANTOINE-ÉLÉONORE-LÉON LECLERC DE JUIGNÉ.

AVIS.

Les Séminaires ayant été, dans tous les temps, le premier objet de la sollicitude pastorale de M. de Juigné, le produit de la vente de cette *Vie* sera, les frais de l'impression prélevés, appliqué aux petits Séminaires de Paris et de Châlons.

VIE

DE MESSIRE

ANTOINE-ÉLÉONORE-LÉON LECLERC DE JUIGNÉ,

ARCHEVÊQUE DE PARIS, DUC ET PAIR DE FRANCE, ET ANCIEN ÉVÊQUE DE CHALONS;

PAR M. L'ABBÉ LAMBERT,
ANCIEN VICAIRE-GÉNÉRAL.

Et lætificabat Jacob in operibus suis, et in sæculum memoria ejus in benedictione.
(L. I Mach. ch. III, ℣. 7.)

A PARIS,
Chez AD. LE CLERE, Imprimeur de N. S. P. le Pape, et de S. Ém. Mgr. le Cardinal Archevêque de Paris.

1821.

AVIS.

Depuis la mort de M. de Juigné, notre intention a toujours été de donner sa Vie; et aussitôt que nous apprîmes que la Société d'agriculture, commerce, sciences et arts du département de la Marne eut mis au concours (en 1816) son éloge, comme évêque de Châlons, et l'un des fondateurs de l'ancienne académie de Châlons, nous nous proposâmes de saisir cette occasion heureuse de payer un juste tribut à la mémoire de ce prélat, si universellement regretté.

Mais péniblement contrariés, soit par des occupations auxquelles nous ne pouvions nous soustraire, soit par une trop longue maladie, soit par le retard éprouvé dans le recouvrement d'un grand nombre d'écrits, de notes, de correspondances et de renseignemens, que dans tous les temps nous avons conservés avec un soin scrupuleux, et que nous avions été contraints, par les circonstances des temps, de laisser dans l'étranger; soit, enfin, parce que nous avons cru devoir ne pas nous contenter d'un simple éloge ou d'une courte notice; nous n'avons pu répondre dès-lors au vœu de l'académie, auquel personne n'a satisfait, et nous acquitter d'une dette sacrée qu'exigeoient l'attachement et la reconnoissance envers un prélat qui, pendant près de trente ans, a daigné nous honorer de son estime et de sa confiance la plus intime.

Un sujet aussi intéressant demanderoit une plume plus exercée que n'est la nôtre en ce genre. Il auroit été digne d'être traité par l'excellent auteur de l'inappréciable *Vie des Saints ;* aussi, en représentant M. de Juigné dans toutes les circonstances de sa longue existence, depuis sa naissance jusqu'à sa mort, nous suivrons, à l'exemple de l'abbé Godescard, la marche historique comme la plus naturelle et la plus simple.

En donnant cette *Vie*, notre but principal est d'honorer à la fois le corps épiscopal et les diocèses de Châlons et de Paris, que M. de Juigné édifia par ses vertus, et le clergé qu'il gouverna avec tant de zèle et de sagesse.

Pieuse et édifiante famille, au sein de laquelle il a vécu si long-temps ! vous, qui avez goûté, pendant toute sa vie, les douceurs de l'amitié, et qui conservez son souvenir comme le trésor le plus précieux, agréez l'hommage du tribut que je paie aujourd'hui à la mémoire de celui qui fit vos délices sur la terre, et qui fait maintenant votre espoir dans le ciel, où il n'a fait que vous précéder !

VIE

DE MESSIRE

ANTOINE-ÉLÉONORE-LÉON LECLERC DE JUIGNÉ, ARCHEVÊQUE DE PARIS.

CHAPITRE PREMIER.

M. DE JUIGNÉ naquit à Paris, le 2 novembre 1728, d'une de ces anciennes familles (du Maine) où les vertus et la piété, non moins héréditaires que la noblesse, lui prêtent comme une nouvelle et plus touchante illustration. La lumière la plus pure éclaira dès le berceau la raison naissante de M. de Juigné, et la religion fut, dès sa tendre enfance, sa principale étude.

1

A peine avoit-il six ans lorsqu'il perdit le marquis de Juigné, son père, colonel du régiment d'Orléans, et tué en 1734, à la bataille de Guastalla.

Il fit ses humanités et sa philosophie au collége de Navarre, et entra au séminaire de Saint-Nicolas du Chardonnet, d'où il ne sortit que pour s'agréger à la société des théologiens de Navarre, où il fit son cours de licence, dont il fut un des premiers, et prit ses degrés.

Déjà on remarquoit dans le jeune de Juigné une maturité de jugement, un esprit de piété, une simplicité de mœurs, une candeur de caractère, une modestie rares, auxquelles se joignoient une application à tous ses devoirs et une droiture peu communes.

Ces qualités lui concilièrent l'estime et l'amitié particulièrement de M. de Bezons, son parent, évêque de Carcassonne. Il le jugea digne de sa confiance, et le fit son grand-vicaire. C'est sous ce digne et vertueux prélat qu'il commença l'étude de l'épiscopat, et qu'il apprit à connoître et à juger les difficultés de l'administration diocésaine.

Il eut bientôt à courir une autre carrière; il fut nommé agent-général du clergé en 1760, et remplit, avec éloge, cette charge importante. A l'agence étoit attaché le soin de tous les intérêts et de toutes les affaires ecclésiastiques. Cette gestion duroit cinq ans; mais cessoit, si, pendant son cours, l'agent étoit nommé à un évêché. Elle ne faisoit que commencer pour l'abbé de Juigné, lorsqu'on lui proposa l'évêché de Comminges; il s'excusa, et préféra de continuer ses honorables travaux.

Les succès qu'il obtint dans l'exercice de toutes ses fonctions l'appelèrent de nouveau à l'épiscopat. Mais avant de suivre M. de Juigné sur les siéges de Châlons et de Paris, et d'entrer dans les détails de son administration pastorale, il ne sera pas indifférent de retracer les principales qualités de sa personne extérieure, de son caractère et de son esprit.

M. de Juigné, du côté des dons de la nature, étoit des plus favorisés. Grand, bien fait, il étoit doué d'un port majestueux, d'un air de noblesse et de modestie, d'une figure douce, aimable, prévenante, faite pour plaire à tous. Une gravité sainte s'allioit sur son front à une douce sérénité. Ses yeux annonçoient la sincérité de ses sentimens; l'affabilité qui respiroit dans ses paroles manifestoit la bonté de son cœur.

Passionné pour la justice, portant jusqu'au dernier scrupule le respect pour la vérité, d'une loyauté à toute épreuve, et à laquelle on ne pouvoit rien reprocher, si ce n'est peut-être cet excès de franchise dont les blessures sont salutaires à celui même qui s'en plaint, et qui, supposant dans l'ame une parfaite droiture, finit toujours par augmenter son estime et sa confiance. Aussi sa langue étoit-elle l'interprète de son cœur, et toutes ses paroles portoient-elles l'empreinte de la sincérité. Ses promesses étoient inviolables. (Il disoit souvent : « Je ne sais pas comment on peut » promettre ce qu'on ne peut et ce que » l'on n'a pas envie de tenir. Je suis » toujours surpris de voir un honnête » homme se permettre de tromper l'es- » poir des malheureux solliciteurs ».) De là cette confiance sans bornes qu'on avoit en lui : la droiture, dont il faisoit profession, le rendoit supérieur à toutes les considérations humaines. Il refusoit avec force ce qui étoit injuste ou contraire aux règles ; mais il accompagnoit ce refus de tant de douceur, qu'on finissoit par être de son avis.

On s'apercevoit, à son air et à tout l'ensemble de sa conduite, qu'il marchoit constamment en la présence de Dieu ;

qu'il conversoit habituellement avec Dieu, afin de rendre plus utiles ses entretiens avec les hommes. Aussi sa société étoit-elle douce et aimable, sa conversation utile et agréable, ses manières toujours engageantes et affectueuses. On ne pouvoit jamais se séparer de lui, que satisfait et édifié.

Il suffisoit d'avoir quelque rapport avec lui, pour avoir bien des occasions d'admirer l'étendue de ses lumières, la solidité de son esprit, l'ardeur de sa charité, de sa foi et de sa piété.

Quelle amitié plus sûre ? quelle intimité plus aimable ? Non-seulement chéri, mais révéré, même avant l'âge qui commande la vénération, sa nombreuse famille, tous ses amis le prenoient pour modèle ; il devenoit leur guide, leur appui, leur conseil, et son opinion faisoit toujours autorité.

Ses domestiques même, qu'il regardoit, qu'il traitoit comme ses enfans, lui étoient aussi attachés que ses amis. Aussi n'en changeoit-il presque jamais. Les bons maîtres font les bons domestiques. Ils ne peuvent résister aux exemples de piété et de religion qu'ils ont continuellement sous les yeux.

Sa vie, dans tous les temps, a été occupée et réglée. Jamais rien n'a pu interrompre les heures de ses exercices de religion.

Il joignoit à la plus heureuse mémoire l'amour des études graves, et le goût de la bonne littérature. Il possédoit parfaitement le grec : la Bible étoit sa lecture favorite ; il la savoit par cœur ; et, quelque passage qu'on lui citât, il en indiquoit sur-le-champ le livre, le chapitre et le verset.

Les maux de tête, les migraines auxquels il étoit souvent en proie, ne lassèrent pas un seul instant sa patience, ni n'altérèrent sa sérénité. Dans ses douleurs aiguës, nous l'avons souvent entendu dire, comme saint Augustin : *Domine, nunc ure, nunc seca, modo in æternum parcas.*

Personne, ainsi que l'on verra dans la suite de sa vie, n'a porté plus loin son amour, sa charité pour les pauvres. Les malades, les vieillards, les familles ruinées, trouvoient en lui un soutien, un père, et ses libéralités abondantes répondoient à sa tendre piété.

Rien ne gagne les cœurs avec autant d'efficacité qu'une charité sans borne, qu'une douceur inaltérable. Or cette vertu faisoit le caractère distinctif de M. de Juigné. Elle brûloit dans son cœur, elle paroissoit dans ses paroles, elle éclatoit dans ses mœurs, elle le conduisoit dans ses fonctions, elle le formoit, elle l'animoit pour toutes sortes de bonnes œuvres. Aussi, sévère pour lui-même, combien n'étoit-il pas indulgent pour les autres? toujours porté à excuser et à pardonner leur fragilité.

Nous allons en citer quelques exemples.

Quelques membres de son conseil de Paris, entre autres M. l'Off...., encore jeune, s'étant permis un jour de lui faire des observations sur son indulgence pour les coupables, il répondit, à l'exemple de saint François de Sales, et avec la même douceur : « Mon cher Monsieur, » s'il y avoit quelque chose de meilleur » que la douceur, Dieu nous l'auroit » appris ; mais il ne nous recommande » que deux choses, d'être doux et hum- » bles de cœur ; et j'imiterai, le plus que » je pourraï, la vertu dont notre divin » Maître nous a donné lui-même l'exem- » ple, et dont il fait un si grand cas ». Aussi, avec ces principes de sagesse et de modération, personne plus que M. de Juigné n'a su faire goûter et aimer la religion.

La vertu croit difficilement au mal. Quelqu'un de ses prêtres lui étoit-il dénoncé, il donnoit d'abord peu de foi à la dénonciation. Il prenoit avant d'agir tous les moyens de ne pas être trompé. Il s'informoit de la vie, des moeurs et de la doctrine du dénonciateur. S'il ne méritoit pas par lui-même une grande confiance, la dénonciation restoit comme non-avenue. Si le dénoncé étoit estimé coupable, il l'appeloit près de lui; il le recevoit comme le père de l'enfant prodigue, il lui adressoit des paroles de douceur, de paix et de charité, il lui ouvroit son cœur avec une tendresse inexprimable, il obtenoit aisément du coupable l'aveu et le repentir, et la faute sans récidive étoit souvent une faute heureuse : *Felix culpa.*

Il inspiroit tant de confiance que, lorsque ses ecclésiastiques, et même ses diocésains, avoient entre eux quelques différends, ils s'empressoient de s'adresser à lui, et, en présence de cet ange de conciliation, le traité de paix étoit bientôt conclu.

Parmi des milliers de traits, nous en citerons encore un, pour prouver combien la vertu et la douceur ont de force sur les esprits et sur les cœurs.

A la première ordination que fit à Paris M. de Juigné, il se trouva plusieurs ordinans d'une naissance distinguée. Le prélat s'aperçoit que l'un d'eux, (l'abbé de B......) étoit distrait; il lui dit avec sa douceur ordinaire: « M. l'abbé, » nous sommes, vous et moi, en la pré- » sence de Dieu : vous allez recevoir le » sacerdoce ». Ce regard céleste, ce peu de mots, suffisent et frappent si vivement l'esprit et le cœur de l'ordinand, qu'il fut constamment, pendant tout le temps de l'ordination, le plus recueilli et le plus édifiant de tous, et, après l'ordination, il alla se jeter aux pieds de Mgr., en lui disant: « Ce coup-d'œil » angélique restera toute ma vie gravé » dans mon ame ».

M. de Juigné étoit naturellement timide, surtout avec ceux qu'il ne connoissoit pas. Extrêmement humble et modeste, il se méfioit de lui-même, il craignoit de se tromper, de se compromettre, de manquer à quelques procédés. Ce défaut naturel, qu'il ne pouvoit vaincre, ne permettoit pas toujours de le juger assez sainement, et de l'apprécier autant qu'il le méritoit.

C'est surtout lorsqu'il parloit en public que sa timidité se laissoit remarquer; mais il n'en disoit pas moins de sages et pieuses paroles, et il les disoit avec cette affabilité qui ajoute tant de prix aux moindres discours, avec cette douce persuasion qui couloit de ses lèvres. Il est à regretter de ne pas avoir les instructions qu'il a données dans le cours de ses visites pastorales, et qui étoient toujours analogues à la circonstance; elles auroient ajouté au précieux recueil de ses Lettres et Mandemens échappés à la destruction des temps : mais il parloit le plus souvent d'abondance, et sa modestie s'est toujours refusée aux demandes qui lui ont été faites de ses discours écrits.

Ceux dont le caractère, les sentimens et les opinions n'étoient pas aussi modérés, et qui ont jugé M. de Juigné sur les apparences, et surtout d'après la différence immense de caractère qui existoit entre lui et M. de Beaumont, son prédécesseur, se sont permis de le taxer de foiblesse, ont eu le plus grand tort. M. de Juigné étoit prudent et sage. Il savoit douter et mûrir ses décisions, et, pour ne pas s'exposer à revenir sur ses pas, il ne précipitoit rien; mais il savoit aussi allier au besoin une fermeté inébranlable à sa douceur naturelle.

« Après la sainteté de vie, disoit-il, » il n'y a point de qualité plus néces- » saire à un évêque que la prudence, » parce qu'elle dirige toutes les vertus

» et la charité même, et que, selon le » langage de saint Bernard, qui l'ap- » pelle l'abbesse de toutes les vertus, elle » les conduit toutes, elle fait trouver ce » milieu en quoi elles consistent; elle » sait apporter un juste tempérammeut » à la charité même, et empêcher que » quelquefois sa ferveur ne dégénère » en une chaleur indiscrète. Que pour » gouverner les hommes, ajoutoit-il, » elle est tellement nécessaire, que Sa- » lomon ne demande pas autre chose » à Dieu, ainsi que nous le voyons dans » les livres de la Sagesse: « C'est par la » prudence que les rois règnent, et que » les législateurs font des lois justes ». » (*Prov. 8.*)

Mais, si M. de Juigné étoit si bien pénétré de la nécessité de la prudence dans un évêque, il n'ignoroit pas qu'une fermeté inébranlable n'étoit pas moins nécessaire, et il savoit allier au besoin l'une à l'autre. « Il étoit également rem-

» pli de la force de l'esprit du Seigneur,
» de sa justice et de sa vertu, pour annoncer à Jacob son crime, et au peuple d'Israël son péché ». (*Miché, 3.*) Pour s'en convaincre, il suffit de lire ses Mandemens, sur lesquels nous reviendrons.

Enfin, doué de tant de vertus, M. de Juigné sembloit appartenir à un autre siècle, rappeler des jours meilleurs et des temps plus heureux pour la religion.

Suivons-le sur les siéges de Châlons et de Paris, et nous verrons qu'il fut, sans contredit, un des prélats les plus édifians, les plus zélés et les plus charitables.

CHAPITRE II.

M. de Juigné à Châlons.

En 1763, le diocèse de Châlons perdit, dans M. de Choiseul, un prélat justement regretté.

M. de Juigné, âgé de trente-six ans, lui succéda le 29 avril 1764.

M. de Choiseul avoit fait aimer la religion par une charité sans bornes, une régularité toujours exemplaire, une attention soutenue à maintenir la majesté du culte extérieur; M. de Juigné suivit un plan semblable de conduite, et même y ajouta de nouveaux bienfaits.

M. de Juigné connoissoit les égards, les procédés. Il avoit aussi cet esprit de justice et d'humilité qui portent un prélat à s'acquitter de tout ce qu'il doit à la mémoire de son prédécesseur.

Tout

Tout en parlant de lui-même avec la plus grande modestie, il fit l'éloge mérité de M. de Choiseul ; il continua ses aumônes, et les pauvres n'eurent plus à regretter le père qu'ils avoient perdu.

A son arrivée dans son diocèse, M. de Juigné y trouva des difficultés occasionnées par l'ascendant que le jansénisme avoit pris sous ses prédécesseurs. Il se crut obligé d'interdire, même d'expulser, quelques prêtres discoles. Ensuite, il ne s'occupa plus que du bien qu'il avoit à faire.

Il s'empressa de faire ses visites pastorales, et de prendre connoissance de toutes les parties de son diocèse. Bientôt il en connut tous les ecclésiastiques ; il les recevoit avec bienveillance, étoit toujours prêt à les écouter et à entrer avec eux dans les moindres détails sur ce qui concernoit le bien des paroisses, le salut des ames, et les secours à porter où il en étoit besoin.

Il observoit rigoureusement la loi de la résidence. Il sortoit rarement de son diocèse, et seulement pour des raisons de nécessité ou d'utilité générale.

Plein d'amour pour son troupeau, il ne s'occupoit que de son avantage. Il regardoit tous ses diocésains comme ses enfans; il vivoit avec eux comme leur père; il compatissoit à leurs besoins; comme le grand apôtre, il se faisoit *tout à tous*, et sa douceur inaltérable gagnoit tous les cœurs.

On reconnoissoit sans cesse à son extérieur cette piété humble et austère, cette piété attendrissante, dont les caractères étoient aussi diversifiés que les circonstances où elle étoit obligée de paroître; ce majestueux recueillement qu'il portoit sur ses traits comme dans son ame, aux cérémonies publiques, et qui faisoit place à l'expression d'une bonté fervente dans les audiences qu'il donnoit à ses diocésains.

Rien de plus frugal que sa table, rien de plus modeste que ses meubles et ses habillemens (1). Un témoin oculaire considéroit un jour les toiles qui couvroient les fauteuils du prélat; quelqu'un dit alors à cette personne: « Vous croyez » peut-être que ces toiles sont employées » pour garantir les fauteuils de la pous- » sière? Hé bien! point du tout; c'est » principalement afin qu'on ne voye » point leur désastre ». C'étoit dans une telle simplicité que la charité trouvoit des fonds inépuisables pour soulager les malheureux.

Il nous seroit difficile de détailler ici tout ce que ce zélé et charitable prélat a fait en leur faveur. Voyant que les incendies étoient très-fréquens en Champagne, ce charitable prélat établit un bureau de secours pour ceux qui les

---

(1) *Habentes alimenta et quibus tegamur, his contenti sumus.* (Ep. à Tim., ch. VI, ℣. 8.)

éprouveroient; et, non content d'ouvrir sa bourse et celle des autres aux victimes des incendies, lui-même accouroit aussi pour les éteindre.

En 1776, à dix heures du soir, un courrier vient lui annoncer qu'un incendie violent dévoroit Saint-Dizier, ville distante de Châlons de douze ou quatorze lieues. Le prélat, après avoir épuisé les bourses de MM. ses frères, qui étoient alors à Sarry avec lui, et pris tout l'argent des domestiques pour grossir ses ressources personnelles et distribuer de plus abondans secours aux incendiés, se porte avec la plus grande célérité sur les lieux. Il trouve Saint-Dizier presque réduit en cendres. Dans l'espoir de sauver quelques victimes, il se précipite au milieu des flammes avec si peu de précaution, qu'on l'y crut étouffé. La nouvelle en arriva jusqu'à Châlons, et y causa une consternation qui ne cessa qu'à son retour. Ainsi le prélat et les diocésains rivalisoient de zèle et d'activité pour porter les secours dus à l'humanité.

Mais cette humanité, M. de Juigné n'auroit-il cherché à lui rendre que des services éclatans? Il s'en faut bien; les bonnes œuvres secrètes font la partie la plus considérable de sa vie. Combien de fois ne l'a-t-on pas vu quitter les compagnies les plus brillantes, afin d'aller lui-même secourir l'indigence timide? combien d'occasions n'aurons-nous pas d'admirer en lui soit à Paris, soit dans l'étranger, cette vertu qui le caractérisoit.

Rien de ce qui pouvoit contribuer au bien et à la gloire de son diocèse ne pouvoit lui être étranger. Il fut un des fondateurs de l'ancienne académie de Châlons. Les membres de cette ancienne académie n'ont point encore oublié combien il présidoit noblement leurs séances.

Non moins effrayé qu'affligé des progrès d'une philosophie immorale et irréligieuse, qui a déshonoré le siècle dernier, M. de Juigné sentit le besoin de signaler à ses diocésains l'esprit et la tendance de cette dangereuse ennemie de la foi; il publia, en 1769, sa Lettre pastorale contre la lecture des mauvais livres. Tous les dangers, tous les motifs propres à en éloigner, sont proposés avec un style aussi noble que touchant. Il est glorieux pour le prélat d'avoir dès-lors pressenti nos malheurs, dans le tableau qu'il fait d'une incrédulité également ennemie de l'autel et du trône.

En 1772, il donna une Instruction pastorale sur l'excellence et les avantages de la religion. On y admire cette douceur évangélique, cet amour paternel, et en même temps cette fermeté qui donne la confiance de son droit, avec cette dignité qui ne manque jamais de réveiller le sentiment du devoir, et de commander l'obéissance aux lois.

En 1776, il donna, à Châlons, un Rituel, 2 vol. in-4°. Ce livre reparut en 1786, mais extrêmement changé, sous le titre de *Pastorale parisiense*, 3 vol. in-4°. Le premier volume, après avoir donné une série et une notice sur tous les évêques et archevêques de Paris, depuis saint Denis, traite, ainsi que le deuxième volume, des sacremens en général. Ces deux premiers volumes forment un très-bon traité de théologie (1). Le troisième volume contient

(1) Ce Pastoral déplut aux jansénistes, et donna lieu, de leur part, à divers écrits, tels que *Observations sur le Pastoral; Réflexions sur le Rituel; Examen des principes du Pastoral, sur l'ordre, la pénitence, les censures, le mariage*. Ces écrits passoient pour être de Maultrot et de Larrière. Le Pastoral fut même dénoncé aux chambres du Parlement, le 19 décembre 1786, par le conseiller Robert de Saint-Vincent, qui demandoit que, séance tenante, on en fît arrêter la distribution. L'avis plus modéré de le remettre aux gens du Roi, pour l'examiner, prévalut, et la dénonciation n'eut point de suite. Les abbés Revers, chanoine de Saint-Honoré,

l'administration pastorale : les instructions y sont excellentes. Il se termine par un vocabulaire de noms de saints et de saintes que l'on peut donner au baptême. Ce Pastoral peut être regardé comme un chef-d'œuvre dans ce genre. Aussi, un des premiers docteurs de Sorbonne (M. Asseline), après l'avoir examiné, dit : « Monseigneur, j'ai lu avec » grand plaisir votre Pastoral ; c'est peut-» être le meilleur qui soit sorti de la » plume d'un évêque : il peut servir de » règle certaine dans l'exercice du saint » ministère, et on ne peut donner aux » pasteurs rien de plus instructif, rien » de plus utile. Je n'y trouve qu'un seul » défaut ; le latin est peut-être un peu » trop élégant pour un Rituel ».

Plankott, professeur de Navarre, et Charlier, aumônier et bibliothécaire de M. l'archevêque, passent pour avoir eu part à la seconde édition, et être les auteurs des changemens faits à la première. Le dernier a donné un *Abrégé* de ce *Pastoral*, en un volume.

En 1778, il donna le Recueil de proses. Ces deux objets perfectionnèrent les réformes heureuses que M. de Choiseul avoit faites dans les liturgies du diocèse.

Il ne suffisoit pas au zèle de M. de Juigné de propager la piété par ses écrits, aussi bien que par ses actions. Le nouvel Élie avoit encore besoin d'autres Élisées auxquels il pût laisser son manteau, c'est-à-dire, le soin de perpétuer sa doctrine et ses exemples; mais ces Élisées, il étoit nécessaire qu'il les formât. Trop souvent d'heureuses dispositions pour le sacerdoce furent étouffées, ou détériorées par l'indigence ou par une vie dissipée. Jaloux de prévenir ces malheurs, M. de Juigné, en 1779, établit le petit séminaire, précieuse ressource des familles qui ne pouvoient satisfaire aux frais de l'éducation de leurs enfans, qui y étoient reçus gratuitement, ou à foible prix, et formés de bonne heure à la piété et aux études nécessaires pour être admis au grand séminaire.

On sait par quel acte de désintéressement ce bon évêque a procuré ce beau et magnifique séminaire, à Châlons; ce fut en appliquant à cette construction les fonds donnés pour lui bâtir un palais épiscopal, dont il aima mieux se priver, en se contentant du bien modeste logement que le département accorde encore aujourd'hui comme un pied-à-terre à M. l'évêque de Meaux, dans le cours de ses visites.

Les séminaires sembloient être le principal objet de sa sollicitude pastorale. Il les visitoit souvent; il se complaisoit, disoit-il, au milieu de ses enfans. Il les interrogeoit, il les encourageoit. Il avoit un art merveilleux pour faire briller la jeunesse dans les examens; aussi les élèves préféroient-ils ses interrogations à celles des autres examinateurs, parce qu'ils le voyoient moins jaloux d'étaler son mérite que de faire valoir celui des autres.

Avec quelle aménité ce cœur paternel et aimant ne se montroit-il pas dans les distributions de prix, dont il faisoit toujours lui-même tous les frais. Quel intérêt n'y ajoutoit pas sa présence! Combien l'avantage d'être couronné par lui augmentoit, pour les élèves, le prix du talent ou de la bonne conduite! Combien les remords de l'indolence n'étoient-ils pas accrus par la honte et la douleur de n'avoir pu mériter les embrassemens du père de la jeunesse!

Si les séminaires étoient l'objet de sa sollicitude, les écoles, les pensions des deux sexes ne l'étoient pas moins. Il ne dédaignoit pas de les visiter. Il surveilloit les instructions, les principes qu'on y donnoit, les livres, les auteurs qu'on y voyoit.

« Les enfans, disoit-il, comme La » Bruyère, sont déjà de petits hommes; il » faut, recommandoit-il aux maîtres et » maîtresses, faire une sainte guerre à » toutes les petites passions naissantes; » il faut surtout que l'orgueil soit hu- » milié, et qu'un jour l'entrée de ces » jeunes gens, dans la carrière du mon- » de, soit ornée par la modestie. Il faut » donc prévenir les crimes, pour n'a- » voir pas à les punir, et les fautes, » avant qu'elles soient irréparables; il » faut enfin n'oublier jamais cet adage, » aussi vrai en politique qu'en morale: » *Principiis obsta, serò medicina pa-* » *ratur* ». Aussi seroit-il impossible de peindre au vrai l'intérêt et l'amour que ses vertus ont su inspirer pendant toute son administration à Châlons, où ses aumônes l'ont immortalisé, et où sa mémoire sera long-temps louée.

A la nouvelle de sa nomination au siége de Paris, tout Châlons éprouva une véritable tristesse. Jamais évêque ne fut de toutes les classes plus regretté. Il sembloit que tous perdissent un père, et les pauvres surtout leur dernière ressource. La profonde impression qu'une telle perte a laissée dans le cœur des Châlonnois, n'est point encore effacée; leurs regrets sont passés des pères aux enfans. Nous avons été à même d'en juger sur les lieux, où il existe encore des témoins de sa vie angélique, et des fruits heureux qu'elle y a produits. Un jour nous demandâmes à un bon et vertueux vieillard ce que l'on pensoit de M. de Juigné, s'il n'étoit pas encore oublié. Voici sa réponse : « Ah ! le bon évêque que » M. de Juigné; non, il ne sera jamais » oublié! Nous nous rappellerons tou- » jours que ses aumônes étoient notre » ressource dans toutes les calamités. » C'étoit le cœur d'un bon pasteur qui » donnoit tout, et qui auroit donné sa vie » pour son cher troupeau. Hélas! depuis

» trop long-temps il n'est plus au milieu
» de nous; mais les sentimens de notre
» vénération et de notre amour pour un
» pontife qui a embaumé, de ses vertus sa-
» cerdotales et pastorales, tout le diocèse
» de Châlons, ne sont et ne seront ja-
» mais éteints». Nous nous empressâmes de rendre ces sentimens à M. de Juigné. Voici sa réponse, du 2 août 1806 :

« Je suis très-sensible à tout ce que
» l'on veut bien dire de moi. Je regrette
» de ne pouvoir, comme vous, être té-
» moin des sentimens qu'on veut bien
» conserver pour moi à Châlons, et
» dans mon diocèse ancien, auquel
» je suis constamment bien attaché, et
» pour lequel je ne cesse d'adresser à
» Dieu mes prières les plus ardentes.
» Si ma lettre vous trouve encore à Châ-
» lons (1), je serois très-aise que les
» personnes principales de cette ville

(1) Nous étions alors en tournées de visites avec M. l'évêque de Meaux.

» entendissent de votre bouche tous
» les vœux que je fais pour le bien,
» la prospérité, la sanctification d'un
» troupeau qui me sera cher jusqu'à la
» fin de ma vie ».

Il semble que ses infortunes l'ont rendu, pour la ville de Châlons, l'objet d'une tendresse encore plus vive. Jamais elle ne fut mieux caractérisée que par le compliment qu'une députation lui adressa à son retour de l'exil : « Mon-
» seigneur, lui dit-elle, ce n'est ni l'ar-
» chevêque, ni le duc et pair que nous
» venons saluer, c'est le père des pau-
» vres et l'ami de ses diocésains ». C'est ainsi que la bienfaisance chrétienne perpétue son empire. C'est ainsi que le malheur devient pour le juste un titre nouveau de recommandation.

Mais si les regrets des bons Châlonnois étoient aussi naturels et aussi vifs, ceux du sensible et reconnoissant prélat ne l'étoient pas moins.

Avec quelle amertume, et en même temps avec quelle douceur il exprime dans le premier mandement qu'il adressa au diocèse de Paris tous les regrets dont son ame étoit remplie pour les bons diocésains qu'il avoit dû quitter! Quel accueil affectueux ne cessa-t-il pas de faire à Paris, dans tous les temps, à ces anciens diocésains, qui venoient lui rendre hommage ou solliciter sa bienfaisance! Nous avons été témoin qu'il ne se passoit presque pas de jours qu'il ne reportât ses pensées sur le troupeau qui, pour être moins nombreux et moins riche, n'en étoit pas resté moins cher à son cœur.

Suivons-le actuellement sur le siége de Paris, où ses vertus n'auront pas moins d'éclat.

CHAPITRE III.

M. de Juigné à Paris (1).

TANT de vertus réunies en M. de Juigné ne furent point inconnues à la cour de France.

Le 12 décembre 1781, le siége de Paris devint vacant par la mort de M. de Beaumont (2), un des pontifes les plus

---

(1) M. de Juigné a été le cent vingtième prélat qui ait occupé le siége de Paris depuis saint Denis, évêque de ce diocèse, vers le milieu du troisième siècle, et le dixième qui ait commencé à porter le titre d'archevêque, d'après la bulle donnée le 20 octobre 1622, par Grégoire XV, pape, à la demande de Louis XIII. M. de Gondy, nommé le 14 novembre suivant, fut le premier qui porta ce titre.

(2) M. de Beaumont avoit une estime particulière pour M. de Juigné. Quelque temps avant sa mort, on lui propose d'agréer un coadjuteur ; il répond : J'y consens volontiers, pourvu que ce soit M. l'évêque de Châlons ; mais je n'en veux pas d'autre.

estimables et les plus vertueux qui jusqu'alors eussent gouverné l'église de Paris.

Plusieurs prélats célèbres, et encore plus distingués par leur mérite personnel que par les hautes dignités dont ils sont revêtus, étoient sur les rangs. On attendoit, avec autant d'impatience que d'inquiétude, le choix du Roi. Les aspirans étoient bien éloignés de soupçonner qu'ils pouvoient avoir pour concurrent le modeste évêque de Châlons, qui n'avoit nulle ambition, excepté celle de rester comme inconnu à la cour, et de continuer à vivre tranquille au milieu de son troupeau, dont il étoit chéri; mais la Providence, dans ses décrets, en avoit décidé autrement.

Le bon et trop malheureux Louis XVI, qui ne vouloit que la paix et le bonheur de l'Eglise, de l'Etat, et qui voyoit dans M. de Juigné l'intérêt de la religion, le nomma de *son propre mouvement;* mais, connoissant d'avance la résistance qu'apporteroit le prélat, qui, persuadé qu'une augmentation considérable de revenu n'étoit pas, dans l'esprit des canons, un motif pour changer de siége, avoit refusé l'archevêché d'Auch, l'un des plus riches du royaume, Sa Majesté lui écrit tout simplement :

« Mon cousin, je vous ai nommé à » l'archevêché de Paris, et j'ai nommé » M. de Clermont-Tonnerre à l'évêché » de Châlons ».

Dès-lors il sembloit que tout refus devenoit impossible. Voilà donc M. de Juigné, au grand étonnement de nombreux compétiteurs, nommé archevêque de Paris, le 23 décembre 1781.

M. de Juigné reçoit à Châlons cette lettre du Roi, à laquelle il étoit bien éloigné de s'attendre. Effrayé d'un tel fardeau, il part de suite pour Versailles faire au Roi ses remercîmens. Il supplie Sa Majesté de vouloir bien révoquer sa nomination. Il lui représente très-humblement que ses forces, ses moyens, sa foible santé, ne lui permettoient pas de porter un fardeau aussi pesant, d'accepter ce poste éminent, et il la supplie de lui permettre de finir ses jours dans son diocèse de Châlons, qui suffisoit à son ambition; mais ses humbles remontrances n'inspirèrent à Louis XVI que plus d'estime pour lui; et, après l'avoir écouté avec bonté, il lui dit : « Mon in» tention, mon cousin l'archevêque, est » que vous acceptiez ce siége sans ob» servation. Vous ne m'en devez aucun » remercîment; si j'eusse trouvé quel» qu'un plus digne que vous du siége de » Paris, vous ne l'auriez pas ».

Un compliment aussi grâcieux et aussi flatteur, de la part du Roi, étoit un ordre sans réplique. Il prouvoit, de plus, que le successeur de saint Louis suivoit ce précepte du concile de Trente: « Il ne suffit pas de mettre sur un

» siége épiscopal un homme digne; » mais il faut nécessairement choisir le » plus digne : *Nisi quos digniores et* » *Ecclesiæ magis utiles qui judicave-* » *rint* ». (Sessio 24.)

En montant sur le premier siége de France, M. de Juigné se pénètre vivement des devoirs que ce poste éminent va lui imposer, surtout au moment où la philosophie du jour faisoit de si grands progrès. Il sait déjà que ceux qui occupent les premières places ont une obligation plus stricte que les autres hommes d'inspirer, par leurs exemples, le respect de la religion, l'observation de ses vérités; mais il sait aussi que celui qui l'a conduit à Paris sera sa force et son appui, comme il l'a été à Châlons, et que l'homme qui écoute et suit constamment la voix qui le guide du haut du ciel, ne peut jamais s'égarer.

M. de Juigné porta dans son nouveau diocèse le même esprit, les mêmes principes d'après lesquels il avoit gouverné celui de Châlons : même prudence, même modération, même douceur, même attention à maintenir la paix, à tâcher de l'entretenir entre le sacerdoce et la magistrature ; même zèle pour la discipline ecclésiastique et la saine doctrine ; même munificence envers les pauvres. Son immense revenu s'employoit en aumônes, en bonnes œuvres, en établissemens pieux.

Pénétré de plus en plus de cette vérité, qu'honorer les vertus et les services de ses prédécesseurs, c'est honorer l'épiscopat, c'est payer une dette à la religion, comme à la reconnoissance, c'est édifier les peuples et commander pour soi-même le respect, il paya à la mémoire de M. de Beaumont le tribut qu'il avoit payé à Châlons à celle de M. de Choiseul. Il adopta ses pauvres ; il eut le même respect pour ses institutions, ses choix, ses nominations. Il ne déplaça personne; il reconnut les services qui avoient été rendus au diocèse, comme s'ils l'eussent été de son temps. Il obtint du Roi des abbayes, des pensions, pour les plus méritans.

Quoiqu'il eût amené de Châlons une partie de son conseil, MM. de Dampierre, de Floirac et d'Argent, ses grands-vicaires, car il suffisoit de le connoître pour vouloir ne jamais le quitter, il conserva néanmoins tous les membres du conseil de Paris. On lui proposa de faire de suite différens changemens dans l'administration de M. de Beaumont; il s'y refusa, en disant, à l'exemple du pape saint Etienne : *Nihil innovetur, nisi quod traditum est.* « Il » ne faut rien précipiter, nous verrons » plus tard ».

Il ne fit également aucun changement dans son intérieur. Il continua les usages, et suivit les règles établies par ses prédécesseurs.

C'étoit un usage immémorial de n'avoir à l'archevèché de Paris ni glaces ni meubles somptueux (1). Les différentes pièces étoient grandes, vastes et nobles, mais meublées avec une simplicité évangélique. En vain lui représentoit-on que son meuble étoit trop simple pour un archevêque de la capitale, duc et pair de France, obligé de recevoir les plus grands du royaume, les princes, la famille royale, etc. ; le modeste prélat, ennemi de toute ostentation et de tout faste, ne voulut jamais faire aucun changement. Il répondoit : « Je ne vaux pas mieux » que mes prédécesseurs. Cette simpli- » cité convient parfaitement à un suc- » cesseur des apôtres, à un vicaire de

(1) Le mobilier, qui est maintenant à l'archevêché, est bien différent ; il appartient au département. Il y fut mis par l'ordre exprès de celui qui gouvernoit alors, ayant destiné ce palais pour y recevoir le souverain Pontife.

» Jésus-Christ sur la terre, et de Jésus-
» Christ pauvre. Je sais d'ailleurs ce que
» dit et recommande le grand apôtre,
» ce qu'ordonnent les canons des sacrés
» conciles présidés par l'Esprit saint,
» entre autres le quatrième de Carthage.
» où saint Augustin assista : Que la mai-
» son d'un évêque soit pauvre, qu'il
» n'ait point de beaux meubles, et qu'il
» fasse connoître sa dignité et son au-
» torité par sa foi et par son mérite. Je
» connois d'ailleurs, sur cet article, les
» sentimens des saints Pères de l'Eglise,
» de tant de saints évêques que nous de-
» vons regarder comme les oracles du
» ciel, devant qui la raison humaine
» doit s'humilier ».

Quand on lui objectoit, contre l'exemple de tous les anciens Pères de l'Eglise, que les temps étoient bien changés, il répondoit : « Cette objection flatte ordi-
» nairement ceux qui aiment les biens
» et les dépenses superflus ; mais moi,

» j'aime beaucoup tout ce qui ressent » l'*antiquité* ».

Aussi, malgré toute observation, il se contentoit, pour les grandes cérémonies, comme pour aller au Parlement siéger en sa qualité de duc et pair, de l'ancienne et vieille voiture du temps de M. de Vintimille, l'un de ses anciens prédécesseurs (1).

Sa chapelle épiscopale étoit des plus simples. Les dames de France, qui aimoient beaucoup l'abbé de Bourbon, lui en avoient donné une magnifique. A la mort de l'abbé, on proposa à M. de Juigné d'en faire l'acquisition, en lui observant qu'il pourroit l'avoir à bon compte; il refusa, en disant « qu'il va-

---

(1) Cette voiture, appelée la *Voiture de Gala*, avoit plus d'un siècle. Elle contenoit, avec lui, ses deux aumôniers, un porte-croix, deux écuyers; et au-dehors, deux pages, trois domestiques et le cocher. Deux chevaux seuls la traînoient au pas d'ambassadeurs.

» loit mieux tempérer l'éclat de son rang
» par la simplicité et la modestie, que
» d'éblouir par le luxe et des ornemens
» brillans ».

Sa bibliothèque, réunie à celle de M. de Beaumont, étoit assez nombreuse et bien choisie. A la vente de celle de l'abbé de Bourbon, que les dames de France lui avoient également donnée, et qui étoit magnifique, n'y ayant pas un seul volume qui ne fût relié en maroquin et doré sur tranche, son bibliothécaire, l'abbé Charlier, le plus grand théologien et le meilleur bibliographe de son temps, lui demande la permission d'en acheter une partie; il lui répond : « Comment me proposez-vous
» d'avoir des livres couverts d'or, tandis
» que mes pauvres sont couverts de
» haillons » !

C'est ainsi que ce pieux et charitable prélat préféroit les pauvres à tout.

Aucune femme, excepté celles de sa

famille, mais le soir seulement, n'étoit admise à sa table.

Il n'avoit également, non plus que tous ceux qui habitoient l'archevêché, aucune personne du sexe à leur service. Les frotteurs de la maison faisoient le service des secrétaires, qui, au nombre de sept, logeoient tous au palais, ainsi que trois grands-vicaires.

Les moindres détails de la maison épiscopale étoient si bien réglés, qu'il étoit défendu de jouer, au secrétariat, plus de deux sous la partie de trictrac, seul jeu connu pour la récréation.

En maladie comme en santé, chacun étoit gratuitement et parfaitement bien traité. Il y avoit médecin et chirurgien; ce dernier obligé de faire tous les jours sa ronde, et, s'il y avoit quelque malade, d'en rendre compte de suite à M. l'archevêque, qui y prenoit le plus grand intérêt, et ne dédaignoit pas de visiter jusqu'au dernier des domestiques.

Après avoir dit la messe dans la chapelle de l'archevêché, il ne manquoit jamais d'assister, les dimanches et les fêtes, aux offices de la cathédrale. Quoique souffrant, jamais il ne se dispensoit de célébrer ceux qui lui étoient réservés, et il passoit quelquefois, comme par exemple un jour de Noël, jusqu'à neuf ou dix heures au chœur. Sa piété étoit si austère, que nous l'avons vu souffrant soit d'une forte migraine, soit d'un rhume, faire, malgré la défense de son médecin et les représentations du chapitre, l'adoration de la croix pieds nus, sur le marbre, le vendredi-saint, par un froid glacial.

Il avoit grand plaisir à réunir, surtout les fêtes et dimanches, son chapitre à sa table. Il étoit d'usage que MM. les chanoines ne devoient jamais manger, vêtus de leur soutane violette, à la table des archevêques de Paris. Chacun, suivi de son domestique, faisoit dans l'antichambre une nouvelle toilette, avant et après le dîner. Le bon prélat, peiné de ce cérémonial, voulut les en dispenser; mais ils n'y consentirent pas.

Il n'aimoit pas moins à admettre souvent à sa table les autres membres de son clergé, surtout les plus méritans.

Un jour un de ses prêtres du dernier ordre, homme âgé et d'une excellente conduite, dit qu'il mourroit content s'il avoit le bonheur d'être une seule fois admis à la table de M. l'archevêque. Le prélat l'apprend, et le fait inviter dès le lendemain. « J'ai eu, dit-il le soir, plus » de bonheur à recevoir ce brave homme, que des personnages à cordons » rouges et à cordons bleus ».

Quoique par délicatesse M. de Juigné, lors de sa nomination au siége de Paris, eût remis au Roi l'abbaye de Moustier-en-Der, de 20,000 liv. de rente, que Sa Majesté lui avoit donnée en 1764, et qu'il plut à M. de Marbeuf, alors ministre de la feuille, de mettre, contre l'usage usité jusqu'alors, plusieurs pensions sur l'archevêché de Paris, cependant le revenu présentoit encore plus de moyens que celui de Châlons de soulager les pauvres, et cette considération étoit d'un grand poids auprès d'un prélat aussi charitable que l'étoit M. de Juigné.

D'abord, dans tous les temps, M. de Juigné, très-économe pour lui-même et sa maison, distribuoit aux pauvres non-seulement son superflu, mais encore le fruit de ses épargnes; on pourroit dire jusqu'à son nécessaire même, car il portoit pour lui-même l'économie si loin, qu'un jour son premier valet-de-chambre lui apportant, entre autres vêtemens, une belle soutane d'hiver, dont il avoit grand besoin, et lui présentant un mémoire montant à 800 fr. (la soutane étoit de velours violet, ciselé en soie); le modeste prélat, bien loin d'en admirer la beauté et d'en être satisfait, dit, avec son effusion de cœur ordinaire : « Combien de » malheureux dont je couvrirois la nu- » dité avec cette somme de 800 fr. » ! Alors qu'on lui en faisoit compliment, on voyoit que sa modestie et sa charité en étoient blessées.

Il en étoit de même pour toutes les dépenses qu'il croyoit pouvoir et devoir ménager pour ses pauvres.

Lorsqu'en 1786 on lui représente que Conflans exigeoit de grandes et urgentes réparations, il demande à combien elles étoient estimées devoir monter ; on lui dit à environ 60,000 fr. « 60,000 fr. ! » s'écrie-t-il ; et mes pauvres ? Im- » porte-t-il donc autant à un archevêque » de Paris d'avoir et d'entretenir à si » grands frais une aussi belle maison de » campagne » ? On lui fait observer qu'il étoit tenu de la conserver, non-seulement pour lui, mais pour ses successeurs ; que, d'ailleurs, le soulagement de ses pauvres n'en souffriroit pas, parce qu'on emploiroit

emploiroit à cet effet une coupe de bois qui arrivoit fort à propos; ce qui le consola un peu. « Eh bien! eh bien ! dit-il, » à la bonne heure ».

Assez souvent il demandoit à son receveur les comptes de son avoir, et ce pieux prélat, après avoir satisfait à ses devoirs de religion, prenoit une distraction délicieuse en repassant ses comptes avec son secrétaire intime, et en voyant ce qui lui restoit pour ses pauvres. Nous pouvons certifier que, d'après tout calcul fait, M. de Juigné donnoit annuellement aux pauvres plus des deux tiers de son revenu.

Souvent son receveur lui représentoit d'être en avance avec lui pour ses pauvres. « La Providence est grande, di- » soit-il ; il nous viendra peut-être dès » demain des lots et ventes (1). Ne me

(1) Il est à remarquer que les lots et ventes faisoient une grande partie du revenu de l'archevêché de Paris.

» grondez pas, mon cher Monsieur ; ne » me privez pas de la plus grande jouis- » sance que je puisse me procurer en ce » bas monde ; je sème dans le sein des » pauvres. C'est une bonne terre, qui » rapporte au centuple ».

Ce charitable prélat étoit tellement occupé de ses pauvres, qu'à chaque courrier il mettoit lui-même à part, et conservoit tous les cachets en cire. Il disoit : « Cette petite économie suffit pour nour- » rir un de mes pauvres au moins pen- » dant une année (1) ».

Nous l'avons déjà dit : ses bonnes œuvres secrètes étoient la partie la plus considérable de sa vie. Lui recommandoit-on de ces familles pauvres, timides, honteuses de mendier ? il envoyoit de suite son secrétaire prendre des renseignemens, et à son retour il demandoit :

(1) Nous l'avons vu recevoir plus de cent lettres par jour.

« Combien faut-il pour relever cette mal-
» heureuse famille ? — Tant. — Tenez,
» prenez, portez vous-même cette som-
» me ; mais surtout n'en parlez pas ».

Nous pourrions citer des milliers de traits, non-seulement de charité, mais de générosité dans la conduite de M. de Juigné, qu'il seroit trop long de rapporter ici. Nous nous bornerons à dire que si, dans les temps ordinaires, sa charité ne connoissoit presque pas de bornes, elle n'en avoit aucunes dans les calamités publiques. C'est alors qu'il déployoit le zèle le plus généreux.

Dans le rigoureux hiver de 1788 à 1789, ses moyens ordinaires ne pouvant suffire aux besoins de tant de malheureux, le charitable prélat y suppléa en vendant sa vaisselle, en engageant son patrimoine, et en faisant de gros emprunts, pour la garantie desquels M. le marquis de Juigné, son frère aîné, s'obligea jusqu'à la somme de cent mille écus.

M. l'archevêque fit paroître à cette époque un Mandement, où l'on voit ses exhortations paternelles pour engager les riches à venir au secours de l'humanité souffrante (1).

On sait quel fut le prix de ses grandes libéralités. Six mois après, on attenta à ses jours.

Interrompons, pour le moment, le cours des charités de M. de Juigné, sur lesquelles nous reviendrons, et occupons-nous de l'administration spirituelle de son diocèse.

Parlerons-nous de ses Mandemens, de ses Lettres pastorales? Quels principes plus nobles! quelles doctrines plus saines! C'est là où brillent cette sagesse, cette simplicité, cette piété aimable, cette

---

(1) On peut voir ce Mandement dans le *Journal ecclésiastique* d'alors.

charité ardente, cette douceur et cette onction ravissante, qui prouvent quel esprit l'animoit! Dictés par un cœur si religieux, par cette tendresse d'un père qui parle à ses enfans, ils offrent le développement de toutes les vertus. Enfin, on peut dire que, dans ses Mandemens comme dans les écrits de Bossuet et de Fénélon, la vérité paroît dans tout son éclat, soit avec cette majesté qui impose le respect aux esprits les plus superbes, soit avec cette douceur qui touche les cœurs les plus insensibles. Aussi les Mandemens de M. de Juigné étoient-ils estimés, et loués même par des écrivains attachés à des opinions qu'il étoit loin de favoriser.

Le digne prélat n'ignoroit pas que rien n'est plus avantageux et plus utile à la gloire de Dieu et au salut des peuples, que le choix de bons pasteurs capables de gouverner l'Eglise de Jésus-

Christ. *Tel est le pasteur, tels sont les habitans de la ville.*

Aussi, un bénéfice à charge d'ames venoit-il à vaquer? il mettoit la plus grande attention dans le choix de celui qu'il devoit nommer; il prenoit les plus grandes précautions pour ne pas se tromper; et, à l'instar du pieux duc de Penthièvre, il eût été volontiers faire une neuvaine à la Trape avant de fixer son choix.

Aussi, que de talens, que de vertus, que de sciences, que de lumières brilloient alors dans le clergé de Paris, non moins distingué par le choix de ses membres, que par la sagesse de son chef!

Y eut-il jamais de conseil épiscopal mieux composé que celui de Paris? les Beauvais, les Asselines, les Chevreuil, les Delaunai, les Deplasses, les de la Hogue, les Boisbasset, les Emery, tous anciens sages et juges en Israël. Enfin, on eût dit que tout ce que la Sorbonne renfermoit de lumières en faisoit partie, ainsi que les meilleurs avocats de Paris pour le contentieux.

Quoique le conseil fût nombreux, on y admiroit cet ordre, ce concours unanime pour le bien; et, selon le langage d'un curé de Paris, qui en sortoit, il sembloit être présidé par l'Esprit saint.

En quel temps étoit-il en effet plus nécessaire de s'entourer de lumières, que dans les jours mauvais où régna M. de Juigné? où la philosophie triomphoit, où la foi sembloit prête à tomber, où la justice et la vertu étoient exilées, et où l'on ne cherchoit que les biens temporels!

C'est alors que l'on a plus d'une fois admiré sa sagesse dans les conseils, et son discernement dans les affaires; avec un jugement sain, un tact sûr, il savoit combiner l'attachement aux règles avec les tempéramens que nécessitoient les circonstances. Il n'étoit point ami des mesures extrêmes. Il se méfioit de l'exagération en toutes choses. Quelques-uns l'ont accusé, mais à tort, de pousser trop loin la condescendance et la modération ; mais, dans tout le cours de son administration et de la révolution même, il marcha constamment sur la même ligne. Il ne fut point ardent dans un temps et modéré dans un autre. Il n'alloit point chercher ni conjurer l'orage, mais il l'attendoit avec résignation et sans crainte. Il ne bravoit pas les attaques, mais il ne s'en laissoit point intimider : l'intérêt de la religion le guidoit. Si ceux qui ne jugent que d'après l'impulsion du moment lui trouvoient trop de mollesse, c'est qu'ils étoient exaltés. Pour lui il fut toujours le même, sage, égal, mesuré, sachant céder lorsqu'il le croyoit utile, mais aussi sachant résister quand il le jugeoit nécessaire. Enfin, on ne doit point oublier que le zèle de M. de Juigné, pour tout ce qui tendoit au progrès des sciences ecclésiastiques, lui avoit fait concevoir le plan d'une école pour former des prédicateurs. Ce plan avoit reçu un commencement d'exécution au Calvaire, sous la direction de M. l'évêque de Sénez (M. de Beauvais). La révolution, qui fut si funeste à tant d'institutions utiles, étouffa encore ce genre de bien.

M. de Juigné fut toujours en relation avec les plus vertueux personnages de son temps, avec ces hommes sages, religieux, dont les sentimens et le zèle lui étoient connus.

Il voyoit souvent M. le duc de Penthièvre. Ces deux personnages, également vertueux, s'estimoient et s'aimoient beaucoup.

Le Roi éprouvoit-il la plus légère incommodité? M. de Juigné s'empressoit de se rendre près de Sa Majesté, qui lui disoit, avec une bonté affectueuse: « M. l'archevêque de Paris, je vous vois

» toujours avec un nouveau plaisir; je » vous attendois ».

Les dames de France ne cessèrent d'estimer M. de Juigné. Mme. Louise, carmélite, ne le voyoit jamais assez. Cette vertueuse princesse lui fit présent, quelque temps avant sa mort, d'une tabatière d'écaille unie et fort simple, mais surmontée de son portrait en carmélite. Il y mettoit un prix infini, regardant cette pieuse princesse comme une sainte.

L'administration trop peu prolongée de M. de Juigné, sur le siége de Paris, fut un règne de paix jusqu'à l'époque des assemblées primaires, tenues à l'archevêché et présidées par lui. Il y fut insulté pour la première fois, et il supporta ces insultes avec sa patience et sa mansuétude ordinaires. Son ame douce, innocente et pure, fut toujours étrangère aux sentimens violens de la colère et de la vengeance. Les méchans pouvoient donc, encouragés par cette clémence chrétienne, lui manquer impunément.

A cette époque, voyant l'orage prêt à éclater, et tous les maux dont l'Eglise alloit être accablée, il fit, adressa et porta lui-même au Roi un Mémoire secret de quatre-vingts pages, que nous transcrivîmes. Il s'agissoit d'adopter promptement un plan de conduite qui pût diriger l'Eglise de France au milieu des écueils qui la menaçoient du grand naufrage.

Député aux Etats-généraux, il assistoit aux séances comme malgré lui. Le tumulte de ces assemblées et la nature des discours qu'on y entendoit si souvent, répugnoient à son caractère et à ses goûts; mais sa conduite ne s'y démentit pas. Toujours attaché aux intérêts de l'Eglise et de la monarchie, il fut un des premiers à signer les différentes déclarations du clergé et les protestations de la minorité restée fidèle à Dieu et au Roi.

Il étoit intimement lié avec le bon et vertueux cardinal de la Rochefoucaud, archevêque de Rouen. Il partageoit et ses sentimens et ses opinions. Le Roi les voyoit l'un et l'autre avec plaisir. Sa Majesté les recevoit même en particulier. Ces entrevues secrètes, qui avoient lieu le soir, furent remarquées. Elles donnèrent de l'ombrage aux factieux, qui résolurent la perte de M. de Juigné (1). Ils répandirent, à cet effet, le bruit que l'archevêque de Paris étoit allé, un crucifix à la main, se jeter aux pieds du Roi, pour le supplier de prendre des mesures fermes et sévères. Cette imputation, si peu assortie avec le caractère de douceur du prélat, fut répétée dans des pamphlets. M. de Juigné donna alors un Mandement, dans lequel il repous-

(1) On disoit même assez haut qu'on ne vouloit plus d'archevêque de Paris, et qu'il falloit nommer un patriarche.

soit noblement les accusations dirigées contre lui.

Le 24 juin 1789, comme il sortoit de l'assemblée, et retournoit à son logement, sa voiture fut assaillie et poursuivie à coups de pierres, par ce même peuple que, peu de mois auparavant, il avoit arraché aux horreurs de la faim. Il courut les plus grands dangers; et, sans le secours des gardes-du-corps, qui arrivèrent à temps, il n'eût pas échappé à ces mains parricides. Aussitôt que la voiture fut entrée, toutes les croisées de l'Assomption furent brisées.

Ce fut alors que cet incomparable prélat répéta plus d'une fois: « Mon Dieu, » mon Dieu, que ne puis-je convertir » ces pierres en pain, à l'avantage de » ceux qui veulent me lapider » ! Ce vœu peint merveilleusement l'oubli de soi-même, pour ne songer qu'au besoin des autres.

Une pauvre femme se trouvant parmi

les scélérats, un honnête homme, qui la connoissoit, lui dit alors : « Quoi ! vous » osez participer à cette abomination ! » — Moi ? répond-elle ; ah ! j'en serois » bien fâchée ». Puis, montrant ses deux mains : « Tenez, dit-elle, voyez-vous la » pierre et les 6 fr. qu'on m'a donnés » ? Cette anecdote fut rapportée par un témoin oculaire.

Le doux et charitable prélat n'en continua pas moins le lendemain la distribution des aumônes, qui, tous les matins, avoit lieu à la porte de son logement. Le suisse ayant aperçu et reconnu plusieurs qui, la veille, avoient jeté des pierres à M. de Juigné, leur dit : « Comment, mal- » heureux, tu as hier lapidé M. l'arche- » vêque, qui tous les jours te nourrit, et » tu viens encore aujourd'hui, sans honte » et sans remords, solliciter, mendier » ses bienfaits » ! L'un dit : « Je n'y étois » pas » ; un autre : « C'est bien moi, qui » me suis trouvé dans la foule ; mais on

» m'avoit mis dans la main une pièce » d'argent, et dans l'autre une pierre ; » j'ai mis l'argent dans ma poche, et » jeté la pierre en l'air. J'n'voulions » pas faire de mal à ce bon évêque, j'vou- » lions tant seulement l'y faire peur (1) ». Mais les faits avoient bien prouvé le contraire.

Les clameurs redoublant, et ne doutant plus alors que tout ne fût perdu, M. de Juigné obtint du Roi la permission de se retirer.

Après avoir montré M. de Juigné dans des temps de prospérité, nous allons le voir dans les jours de deuil et de malheur, et toujours bon, modeste, résigné, noble, généreux et loyal dans sa conduite. Nous allons prouver que la révolution, en lui ravissant toute sa for-

---

(1) Il paroît que la somme que l'on avoit distribuée étoit depuis 20 sous jusqu'à 6 francs. Les petits enfans avoient la moindre somme.

tune, ne put lui ravir son zèle à soulager ses malheureux compatriotes, et que ce fut dans cette noble occupation qu'il passa tous les instans de son émigration. C'est surtout là où il se montra véritablement l'homme de la Providence.

CHAPITRE IV.

M. de Juigné en émigration.

Obligé de quitter la France de suite, pour se soustraire aux insultes, aux violences, à la mort même, M. de Juigné sait se résigner à cette divine Providence qui ne l'a pas abandonné depuis le berceau.

Si, d'après saint Matthieu, il pleure, ce n'est pas sur la fortune, sur les dignités ; il ne les a jamais ambitionnées. S'il pleure, c'est sur ses ouailles, c'est sur ses pauvres qu'il est forcé d'abandonner ; c'est sur ce peuple aveugle, qui ne cesse d'être l'objet de toute sa sollicitude paternelle, de sa charité sans bornes, de ses tendres affections. S'il pleure, c'est sur tous les maux qu'il a pressentis et annoncés dans sa Lettre pastorale de 1769. S'il pleure, c'est à l'exemple de son divin Maître sur Jérusalem : « Ville ingrate » ! ne pouvoit-il pas dire : « qui aujourd'hui lapides ton » pontife, et qui bientôt tueras tant de » dignes et vénérables pasteurs selon le » cœur de Dieu, que je t'ai donnés dans » ma sagesse pour t'éclairer, te conduire » et te sauver du naufrage, combien de » fois ai-je voulu rassembler tes enfans » dans mon sein, comme une poule rassemble ses petits sous ses ailes, et tu » ne l'as pas voulu (1) » ?

Ayant tout sacrifié pour ses pauvres, il fut obligé d'emprunter pour son départ ; et ce que ses fermiers pouvoient lui devoir lui fournit à peine de quoi vivre, avec la plus grande économie, les premières années de son exil.

D'abord il chercha un asile à Cham-

(1) *Jerusalem, Jerusalem, quæ occidis prophetas, et lapidas eos qui ad te missi sunt, quoties volui congregare filios tuos, quemadmodum gallina pullos suos sub alas, et noluisti.* Matth. c. XXIII, v. 37.

béri (1), et passa ensuite à Constance, où il fut joint par plusieurs évêques, ses collègues, et par un grand nombre de prêtres fidèles, obligés de quitter le sol natal.

En partant, M. de Juigné avoit laissé pleins pouvoirs à ses grands-vicaires pour continuer l'administration. Il leur avoit recommandé de l'informer exactement de tout ce qui pourroit se passer dans son diocèse, qui lui étoit toujours cher, et qui ne fut jamais étranger à sa sollicitude pastorale. Il ne tarda pas à en donner une nouvelle preuve.

---

(1) Ce fut pendant son séjour en Savoie, où il fut accueilli, avec la plus franche hospitalité, par le marquis de Clermont Mont-Saint-Jean, à la famille duquel il s'honoroit d'être uni par les liens du sang, qu'assisté de trois archevêques et quatre évêques françois, aussi émigrés, il fit, le 24 mai 1792, la bénédiction de la chapelle du château de la Bâtie d'Albanais, que M. de Mont-Saint-Jean faisoit bâtir dans l'antique terre de ses ancêtres, inféodée à sa famille en 1310. Le procès-verbal de cette bénédiction solennelle a été inscrit dans les registres de la paroisse.

Aussitôt que parut le trop fameux décret qui dépouilla le clergé de France de ses titres, places, pensions et revenus, nous nous réunîmes, avec les abbés Verdollin et Ragès, chez le pieux et zélé abbé de Fénélon, aux Missions-Etrangères (1). Il fut convenu que l'on en écriroit de suite à M. l'archevêque, pour lui proposer de permettre d'établir, sous ses auspices, un bureau de secours. Le prélat répond que, non-seulement il s'empresse de donner son consentement, mais que, d'après le vif intérêt qu'il prend à cette partie souffrante de son diocèse, il prie instamment de hâter cette bonne œuvre, à laquelle il met infiniment de prix.

---

(1) L'abbé de Fénélon, surnommé le *Père des petits Savoyards*, dévouoit son temps et sa fortune à l'instruction de ces petits montagnards, auxquels le Roi daignoit prendre intérêt. C'est à eux que fut adressée la dernière aumône de Louis XVI, un envoi de 5000 liv. de sa cassette, peu de jours avant le 10 août.

De suite le bureau est formé. Quatre personnes aux quatre coins de Paris, connues par leur dévouement à la bonne cause, sont désignées et chargées de recueillir les dons, et de les verser chaque mois à la caisse.

Les avis, les invitations sont insérés dans tous les papiers publics; les largesses des personnes célèbres et zélées sont provoquées; les dons deviennent tout à coup abondans.

La forme d'une distribution sage, régulière et certaine, est déterminée, suivie et observée. Les secours qui paroissent devoir être nécessaires à chacun sont réglés. Cent francs par mois sont accordés à MM. les curés de la ville, soixante-quinze francs à MM. les vicaires de la ville, à MM. les curés de la campagne, et cinquante francs à tous les autres ecclésiastiques, sauf les secours extraordinaires et commandés par les circonstances.

Mme. Elisabeth, cette vertueuse princesse, à qui aucune bonne œuvre n'étoit étrangère, fut la première protectrice et bienfaitrice de celle-ci.

Cette caisse, si intéressante, s'est soutenue jusqu'à la fin de 1792, avec une constance qui ne s'est point démentie, et le bon prélat étoit encore loué et béni où il n'étoit plus.

Cependant, au mois de juin 1792, voyant la misère augmenter et craignant ses suites, nous fîmes une adresse à l'Espagne, persuadés qu'elle rendroit au clergé de France ce qu'elle avoit reçu en circonstances également pénibles; mais les progrès de la révolution ne permirent aucune réception de réponse ni de fonds.

Revenons à M. de Juigné. Si, ainsi que nous l'avons dit, son cœur et son ame se peignent si bien dans ses Mandemens et Lettres pastorales; ils ne se peignent pas moins dans ses lettres particulières, surtout dans celles qu'il écrivoit pendant ces jours d'épreuves et d'affliction (1).

La religion, la charité même étoient toujours le principe et le but de ses correspondances. (N°. Ier.)

Quant à sa politique et à ses opinions sur les événemens, on le voit se borner à implorer et à fléchir celui qui dispose en souverain Maître des trônes, des gouvernemens et des peuples. (N°. II.)

On le voit, dans les circonstances les plus difficiles, conserver cette paix de l'esprit et du cœur, qu'une entière ré-

---

(1) Nous avons conservé une nombreuse et bien précieuse collection de toutes celles qu'il nous a écrites jusqu'à la veille de sa mort, pendant tout le temps que nous n'avons pas passé à ses côtés.

Son écriture étoit belle, exacte et très-lisible. Il possédoit parfaitement le style épistolaire, donnant scrupuleusement ce qui convenoit à chacun. Ce style étoit simple, naturel et châtié.

(2) Voyez à la fin du volume les *Pièces justificatives*, N°. Ier.

signation à la divine Providence peut seule donner aux ames vraiment vertueuses. (N°. III.)

Toujours animé du zèle ardent de travailler encore au salut de ses ouailles, il désire rentrer en France ; mais il veut rentrer avec les Bourbons, et il ne le veut pas sans les Bourbons. (N°. IV.)

En recevant la liste des évêques de France et des membres de son clergé de Paris qui n'existoient plus, il déplore amèrement ces pertes. Pendant son séjour à Constance, il chercha et trouva le moyen d'établir, dans la Franconie, un séminaire où se formoient de jeunes élèves destinés à remplacer les prêtres que moissonnoient prématurément les fureurs révolutionnaires. (N°. V.)

C'étoit pour lui une grande consolation, dans son exil, d'apprendre que tous ceux qui lui avoient été jusqu'alors attachés lui restoient fidèles, et qu'à son exemple, aucun ne fléchissoit le genou devant Baal. Quelle fut sa reconnoissance lorsqu'il apprit la réponse ferme et héroïque à la proposition qui fut faite à un de ceux qui avoient sa confiance, de lui succéder constitutionnellement sur le siége de Paris (1)!

Il seroit trop long de rapporter ici toutes les lettres où il peint si vivement ses regrets et son désespoir de ne pouvoir plus récompenser que par des vœux ceux qui lui sont restés fidèles. Il semble qu'il donneroit volontiers ce qui lui reste de vie, pour ceux qui sont encore assez heureux pour pouvoir lui rendre quelques services.

Délicat à l'excès, nous le verrons, dans le plus pressant besoin, refuser cons-

---

(1) L'auteur de cette réponse, faite dans un temps où l'on couroit et où lui-même a bravé les plus grands dangers, a cru devoir, par prudence, ne pas la consigner ici. « C'est bien dans cette réponse, lui écrivit » M. de Juigné, que vous avez été un vrai confesseur » de la foi; Dieu en soit loué ».

tamment des amis qui lui offrent de partager avec lui ce qu'ils peuvent avoir. « Non, dit-il, non; je craindrois trop » de hâter vos besoins, et de vous voir » trop tôt dans ma position ».

Jusqu'en 1796, moyennant la plus sévère économie, il n'avoit pas encore manqué du nécessaire. Il avoit même lieu de penser qu'il se soutiendroit encore pendant quelque temps; et s'il éprouvoit, nous disoit-il, des inquiétudes et des alarmes, c'étoit beaucoup plus pour les siens que pour lui, et ce qu'il avoit craint le plus arriva.

Les malheurs et les désordres de sa patrie se prolongent bien au-delà de ce qu'on avoit pensé. Sa famille, composée tant d'une part que d'une autre de treize enfans, sans compter ceux qui leur ont donné le jour, après avoir fait à la cause du Roi, de la conscience et de l'honneur, le sacrifice de près de 300,000 liv. de rentes qu'elle possédoit en France, ayant épuisé toutes ses ressources, tombe dans la plus grande détresse. C'est alors que le bon archevêque lui fait le sacrifice du peu qu'il possède encore. Enfin, il ne lui reste plus que sa chapelle, à laquelle il tenoit beaucoup. Calice, crosse, ornemens, anneaux, il vend tout, et le prix tout entier est employé à donner du pain à une portion de cette famille, qui en manquoit.

Le voilà donc réduit lui-même à l'aumône, à ne pouvoir subsister que par des bienfaits. Il n'en conserve pas moins cette paix, ordinaire chez lui, de l'esprit et du cœur. « Je n'en suis per-
» sonnellement, dit-il (1), en nous dé-
» crivant tous ces détails, ni humilié
» ni affligé fortement. J'ai toujours une
» grande confiance dans la divine Pro-
» vidence. Je m'y résigne entièrement.
» D'ailleurs, après avoir joui d'une

(1) Constance, 24 octobre 1797.

» grande fortune, il sera peut-être utile » à ma sanctification de sentir l'aiguil- » lon de la détresse. Que la volonté de » Dieu, par rapport à moi, s'accom- » plisse ! Je m'y soumets avec la plus » grande résignation ; c'est ce que je lui » demande ».

Il avoit espéré que MM. de Juigné, ses frères, pourroient trouver à faire quelque emprunt ; il croyoit, comme très-probable, que, sur une fortune de six à sept millions de capital qu'ils possédoient en France, ils rassembleroient assez, à tout événement, pour faire face à une somme de 30 à 40,000 fr., qu'ils désiroient emprunter ; mais, à mesure que les affaires publiques de la France se détérioroient, la confiance diminuoit ; et cette opération, qui les auroit mis à même de lui rendre et de l'aider, ne put avoir lieu, au moins pour le moment.

A cette époque, l'espoir que l'on avoit eu de rentrer en France incessamment, s'évanouit. « Nous voilà donc, dit-il, » précipités de nouveau au fond de l'a-» bîme, dont nous espérions enfin sor-» tir, et nous ne voyons plus de terme » à nos maux; adorons, adorons les dé-» crets impénétrables de la divine Pro-» vidence; résignation entière, confiance » en sa bonté, et efforçons-nous de hâter » le moment de sa miséricorde par la » ferveur de nos prières, nos larmes et » nos gémissemens ».

Cependant ses frères trouvèrent enfin, sous la caution réunie du bon archevêque, à faire un emprunt de 15 à 20,000 fr. « Sans cela, nous disoit-il, où » en serions-nous, moi et les miens? » nous serions morts de faim, à la let-» tre ».

Il est à remarquer que M. de Juigné et sa famille étoient si délicats, qu'ils n'auroient jamais touché aux secours que le prélat recevoit pour la masse des pauvres émigrés, dont il étoit chargé. « Non,

» nous écrivoit-il, ce n'est ni pour moi » ni pour les miens ». On demandera peut-être comment il subsistoit ; le voici. La renommée, qui publioit ses vertus, l'intérêt qu'il savoit si bien inspirer, l'opinion méritée que l'on avoit prise sur son compte, étoient parvenus jusqu'au-delà des mers (1), et il en éprouva personnellement les plus heureux effets. Favorisés de la protection d'un des premiers personnages de Londres, nous trouvâmes les moyens de lui faire passer chaque année, jusqu'à son retour à Paris, plus que ne recevoit du comité de secours à Londres aucun prélat françois y résidant. Ce comité ne donnoit rien hors les limites de l'Angleterre ; mais des bourses particulières y suppléèrent, en faveur de M. l'archevêque de Paris.

Cependant M. de Juigné, bien moins

---

(1) *Et nominatus est usquè ad novissimum terræ, et congregavit pereuntes.* Mach. ch. III, 9.

occupé encore de son existence personnelle que de celle de milliers de François, prêtres et laïcs, prend avec succès tous les moyens possibles de venir à leur secours.

Dès 1793, une partie d'entre eux ayant épuisé le peu de ressources qu'ils avoient emporté avec eux en émigrant, et toute communication étant fermée avec la France, fut réduite à l'aumône. Le juste crédit que le vertueux prélat, ministre de la Providence, avoit conservé, le concours seul de son nom, qui étoit le garant et le gage infaillible de tout succès, firent obtenir à ces infortunés la protection et les libéralités de plusieurs princes étrangers*.

On peut le dire sans exagération : plus de douze mille exilés lui durent leur existence, dans le séjour surtout qu'il fit à Constance, en Souabe. Ecclésiastiques, laïcs, tous participèrent également à ses libéralités ; nous disons à ses libéralités, car rien ne se faisoit que par son entremise et sous ses auspices. Entre autres preuves, nous en citerons une.

En 1796, les évêques françois réunis à M. de Juigné, à Constance, écrivirent en commun à M. le cardinal Balliani, primat de Hongrie, et à tous les évêques de Hongrie, pour les engager à venir au secours d'une foule de malheureux prêtres françois qui étoient réfugiés dans cette ville, dans la Souabe, et dans toute la Suisse. Il y en avoit peut-être alors plus de quatre mille, et les différentes ressources pour les faire exister étoient épuisées. La guerre, qui étoit encore allumée en Allemagne, et d'autres circonstances, déterminèrent M. le cardinal Balliani et ses suffragans à différer cette bonne œuvre, dont ils ne s'occupèrent que l'année suivante. Une somme de dix-sept mille florins fut recueillie et envoyée par la trésorerie de Vienne, à la régence de l'Autriche, pour être partagée

et

et distribuée, mais *avec l'intervention*, y étoit-il dit, *de M. l'archevêque de Paris*. (Lettre du 11 décembre 1798.)

La circonstance la plus pénible où se trouvèrent les émigrés fut celle où ils furent, au mois de janvier 1799, forcés de fuir Constance. Personne ne sentit plus vivement et ne partagea plus sensiblement leur position. Laissons-le peindre lui-même cette scène de misère et d'horreur. (N°. VI.)

C'est ainsi qu'il cherchoit, dans l'espérance et dans le besoin de soulager le malheur des autres, la seule consolation qui pût adoucir le sentiment de ses malheurs personnels.

Ce prélat, si généreux envers tous, ne trouve donc pas, dans l'étranger, même les douceurs de l'hospitalité !

Il s'estimoit toujours le moins malheureux des malheureux et le moins à plaindre. Lui offroit-on quelque secours pour lui personnellement? il répondoit :

« Je suis infiniment reconnoissant de ce » qu'on veuille bien s'occuper de mes » besoins. Je recevrai ce qu'on me des- » tine avec le plus grand plaisir ; mais » ma satisfaction seroit encore et plus » pure et plus grande, si je ne craignois » que cette attentive générosité ne nuise » à des personnes encore plus à plaindre » que moi ». (*20 juillet 1797.*)

Sur plusieurs invitations pressantes qui lui furent faites de passer avec sa famille en Angleterre, où non-seulement on lui assuroit, comme aux autres prélats et émigrés françois, le nécessaire, mais encore où des premiers du royaume lui auroient donné des preuves d'intérêt et de vénération, qu'il est beau, qu'il est édifiant de le voir, pour ainsi dire, sur la paille, répondre : « Je serois obligé de m'y » rendre; jamais je n'abandonnerai, dans » le malheur, mes infortunés compa- » triotes, autant de temps que je serai » assez heureux de pouvoir leur être

» de quelque utilité »! Il est à remarquer qu'il partageoit toujours avec eux ce qu'on lui donnoit personnellement.

Et, en effet, que seroient devenues ces innombrables familles qu'un noble dévouement avoit entraînées hors de leur patrie, sans ce nouveau Raphaël, cet ange conducteur, cet ange consolateur, cet ange de piété, de douceur et de paix; enfin, ce nouveau Moïse qui, dans la captivité, les encourage, les console de l'espoir de revoir la terre promise?

Une grande consolation dont il a joui dans son exil, et à laquelle il mit un prix infini, fut celle d'offrir, à Annecy, les saint mystères sur le tombeau de saint François de Salles, avec les mêmes ornemens dont ce saint évèque s'étoit lui-même servi, qu'il a toujours cherché à prendre pour modèle.

Les armées françoises ayant, en 1799, occupé Constance, M. de Juigné se retira à Augsbourg, où il reçut de l'électeur de Trèves l'accueil le plus honorable.

Le nom de Juigné ne fut jamais prononcé qu'avec le même respect par les amis et les ennemis du trône ; l'estime, les égards, les hommages, la vénération accompagnent ses pas dans l'étranger comme en France. Il est chéri de personnes mêmes connues pour ne pas adopter en tout ses principes de croyance. En Suisse, en Allemagne, les protestans lui témoignent leur vénération. A Augsbourg, les héros françois s'empressent d'honorer, dans sa personne, le héros chrétien. Les généraux lui offrent une sauve-garde ; mais dans le malheur comme dans la prospérité, indifférent à toute distinction, à tous honneurs, il répond : « Il me suffit de voir enfin les François » désabusés à mon égard, et leur loyauté » est la sauve-garde la plus assurée pour » moi ».

Si M. de Juigné, ainsi que nous l'avons dit, a, par sa Lettre pastorale de 1769, pressenti dès-lors nos malheurs, il n'a pas moins prédit, dès le 28 juin 1794, que la restauration de la France seroit due aux Anglois. Voici ce qu'il nous écrit à cet époque : « J'espère encore, » avec la protection du ciel, me réunir » un jour à tous mes fidèles coopéra- » teurs, dignes confesseurs de Jésus- » Christ, qui appartiennent à l'Eglise » de Paris, et spécialement avec vous, » dans notre patrie, pour travailler, » avec un nouveau courage, à l'œu- » vre de Dieu. Mais quand arrivera ce » moment? quand et comment se dé- » nouera cette scène horrible d'impiété, » de cruauté, d'atrocité ? C'est le secret » de la Providence, *qui se servira de* » *l'énergie et de la valeur de la nation* » *angloise, pour abattre l'hydre qui* » *menace toute l'Europe* ».

En vain le monstre de la calomnie, qui n'épargne personne, ose-t-il l'attaquer, il ne parviendra pas à lasser sa patience et à altérer sa douceur.

M. l'abbé B...... reçoit une lettre datée de Paris, du 13 juin 1800, assurant que M. l'archevêque avoit permis la promesse de fidélité, et donnant à croire qu'il avoit foibli sur le serment de haine à la royauté. Nous n'avons pas plutôt connoissance de cette lettre, qui déjà couroit les rues de Londres, que nous nous empressons de voir M. B.....; nous lui démontrons, preuves en main, que son correspondant n'est nullement fidèle. Il semble convenir, avec nous, de la vérité, et nous promet de renoncer au projet de la faire imprimer. Quel fut notre étonnement, lorsque, deux jours après notre conversation, ayant eu, pour appuyer son opinion (1), plus de confiance

(1) D'après la notice sur M. l'abbé Barruel, insérée dans *l'Ami de la Religion et du Roi*, t. 25, n°. 659, p. 408, 2 déc. 1816, l'on peut se convaincre qu'il étoit le plus chaud partisan et le plus zélé protecteur du parti de la soumission. Ses différens écrits à Londres en sont la preuve.

à son correspondant qu'aux lettres de M. l'archevêque, nous vîmes cette nouvelle mensongère imprimée.

MM. les évêques françois résidant à Londres, surpris et affligés, nous appellent et nous demandent ce que nous pouvons savoir sur cette nouvelle si inopinée. Nous leur donnons lecture de notre correspondance sur cet article. M. l'archevêque de Narbonne et M. l'évêque d'Arras nous invitent à nous trouver, avec eux, le lendemain au lever de son Altesse Royale MONSIEUR, qui, ayant rendu jusqu'alors toute justice méritée à M. de Juigné, ne pouvoit croire à cette nouvelle. Il fut décidé que nous la réfuterions de suite; et dès le lendemain nous eûmes l'honneur d'en présenter quelques exemplaires à son Altesse Royale, qui daigna nous en témoigner sa satisfaction. (N°. VII.)

N'ayant pas eu le temps de le consulter, nous transmîmes de suite cet imprimé à M. de Juigné, qui nous répondit d'Augsbourg le 14 août :

« Je ne puis que vous savoir gré de » l'empressement avec lequel vous vous » êtes porté à détruire les impressions » désavantageuses qu'auroit pu donner » la lettre que M. l'abbé B..... a jugé à » propos de faire imprimer, malgré les » observations que vous lui aviez faites, » et qui auroient dû l'en détourner. Je » suis très-étonné que M. l'abbé Barruel » se soit décidé à cette démarche si lé- » gèrement. Les citations de sa lettre, » venue de Paris, manquent d'exactitu- » de, et par conséquent vous les relevez » avec justesse. D'un autre côté, vous » avez pris l'avis de MM. les évêques, et » par conséquent votre démarche est » placée, elle est utile. Je ne puis donc » qu'y reconnoître votre attachement » pour moi, et vous louer de votre zèle ».

M. l'abbé B...., très-mécontent de notre

lettre, y fait une réponse dilatoire et insignifiante, mais pleine de fiel, d'amertume et d'injures. Nous nous contentons de l'adresser à M. de Juigné et de prendre ses ordres, en lui mandant que nous avions cru devoir ne donner aucune réplique. Le prélat pacifique nous dit, par sa réponse du 22 août :

« Je ne comprends pas comment » M. l'abbé B...., qui d'ailleurs a la réputation d'un bon et estimable ecclésiastique, s'est permis des réflexions aussi » déplacées, aussi mordantes que celles » contenues dans sa réponse à la vôtre. » Je n'ajouterai rien à vos réflexions, » mon cher abbé, je pense que vous avez » pris le parti le plus sage de ne plus » répondre, et de ne pas vous engager » dans une guerre de plume, qui a bien » des dangers ».

A cette époque, M. l'évêque d'Uzès publia un écrit contre la promesse. L'abbé B..... répond en sens contraire ; le prélat y réplique par des argumens infiniment plus frappans et plus concluans que ceux de son antagoniste, et mit fin à cette guerre de plume. Sur l'envoi que nous en fîmes à M. de Juigné, il nous répondit, le 5 novembre 1800 : « Il est, à » mon avis, très-à propos et très-heureux » que ce M. B.... et ses antagonistes aient » renoncé à cette guerre de plume, qui » ne peut produire aucun bien, et qu'on » attende la décision de l'autorité qui a » le droit de prononcer.

» Je suis également satisfait que M B... » ait pris le parti de ne plus me mettre en » jeu dans ses discussions. La manière » dont vous vous êtes comporté dans » cette circonstance a dû lui fermer la » bouche. Elle est une nouvelle preuve » de votre zèle, et n'a compromis, en au- » cune manière, ni votre prudence ni » votre circonspection ».

Nous croyons en avoir dit assez, mais pas trop, pour ne laisser aucun nuage sur l'opinion de M. de Juigné, relativement à la promesse de fidélité et à l'abominable, à l'exécrable serment de haine à la royauté.

Si, d'ailleurs, on se permettoit aucune autre réflexion sur la conduite et la vie de M. de Juigné, il suffiroit de dire, pour toute réponse : Le dévouement entier des Juigné, leur amour à toute épreuve pour les Bourbons et la dynastie légitime en France, sont assez connus ; ils ne se sont pas démentis, et ils ne se démentiront jamais.

Enfin, après la promulgation du concordat, il fit, entre les mains du Pape, qui lui en réitéra la demande, la démission de son archevêché, et sacrifia ainsi à l'obéissance ce qu'il avoit de plus cher. L'archevêché de Lyon lui fut alors offert, il le refusa, bien décidé à n'accepter aucun autre siége que celui de Paris, où il étoit généralement désiré par tous les bons catholiques.

CHAPITRE V.

Son retour en France et sa mort.

M. de Juigné voyant désespérée plus que jamais la cause de ses princes légitimes, pour le retour desquels, ainsi que nous l'avons vu, il faisoit sans cesse les vœux les plus ardens, les émigrés qui résidoient en Allemagne étant à peu près tous rentrés, il se décida, au mois d'août 1802, à quitter Augsbourg, avec sa famille.

Arrivés à Villebon dans les premiers jours de septembre, ils y résidèrent jusqu'au 1er. janvier 1803, où ils vinrent habiter Paris.

Aussitôt son retour, le bon archevêque est accablé de visites. Il n'est point encore oublié, surtout par ses anciens pauvres. Il n'a rien ; et chaque jour on s'adresse encore à lui, et il ne rebute personne; tantôt ce sont ses anciens pauvres, tantôt les anciens ouvriers qu'il a jadis employés, ou leurs enfans. Il les reçoit, il les voit encore avec plaisir, tout en regrettant de ne pouvoir leur faire le même bien qu'autrefois, et tous le quittent encore satisfaits.

Qu'il est édifiant de voir ce vénérable vieillard, dans sa détresse, donner avec tant de grâce et de bonté le denier de la veuve!

Un jour, comme nous étions avec lui dans son cabinet, on vient lui dire qu'une pauvre mère, avec cinq à six enfans, demandoit à lui parler. Il donna ordre de l'introduire de suite. Cette mère se jette à ses pieds et lui dit: « Monseigneur, il y » a vingt-cinq ans que vous avez comblé » de bienfaits mon père, ma mère, toute » ma famille. Je suis restée veuve avec » ces six petits orphelins, que j'élève dans » la crainte du Seigneur; je ne peux suf-

» fire à leur nourriture. Je viens solliciter » vos anciennes bontés ». Le bon prélat se retourne vers nous, et nous dit : « Voilà » les petits enfans de mes enfans ».

Il interroge la mère ; il fait avancer les enfans. Il prend leurs petites mains dans les siennes. Il leur demande s'ils aiment, s'ils savent prier le bon Dieu, etc. Il les assiste, en leur disant : « J'ai bien peu de » choses à vous donner aujourd'hui; mais » vous viendrez me revoir ». Ils se jettent tous à ses genoux, et il leur donne sa bénédiction. Quel prix ne dut pas avoir cette légère aumône !

Il a vu des malheureux refuser ses aumônes, et lui dire : « Monseigneur, nous » savons bien que vous n'êtes plus en » état de nous donner ; mais c'étoit pour » vous revoir, et recevoir votre sainte » bénédiction ». Il leur adressoit à tous ces paroles si affectueuses, ces paroles *meilleures que l'or*, comme dit l'Ecriture, et ils se retiroient contens.

Tout pauvre qu'il étoit, il entroit dans ses sentimens comme dans son caractère de n'accepter ni place ni titre. Lorsque Napoléon lui envoya un titre de chanoine de Saint-Denis, sur lequel il ne comptoit nullement, il alla le lui rendre, en lui observant que son âge, ses infirmités ne lui permettoient ni d'assister au chœur ni d'en remplir aucune fonction. Napoléon lui répond : « Je vous dispense de tout ; si je » vous donne ces 15,000 liv. de rente, » c'est pour honorer le chapitre et recon» noître vos vertus ». Ce compliment inopiné et si grâcieux ne pouvoit souffrir ni réplique ni un refus qui auroit pu lui être funeste, et peut-être à sa famille.

Le premier usage qu'il fit de cette ressource inattendue, mais bien opportune, fut d'acquitter les dettes qu'il avoit contractées pour venir au secours de ses infortunés compatriotes (1), et de consa-

---

(1) Ces dettes se montoient à la somme de 6400 fr.,

crer, à son ordinaire, le reste aux pauvres.

A son retour en France, il avoit pris pour aumônier l'un des plus pieux, des plus dignes ecclésiastiques, l'abbé G...., qui ne le quitta qu'à la mort. Ce prélat partageoit son temps entre la prière, la lecture et la méditation sur ses fins dernières, et ses pensées n'étoient plus que pour le ciel.

Les médecins lui ayant conseillé de prendre souvent l'air et de faire de l'exercice, il bornoit ses plaisirs à des promenades solitaires, où il étoit tout étonné de se voir accueilli par une foule d'hommages muets, adressés bien plus à sa personne qu'à sa dignité, dont il ne portoit aucune marque visible. Il alloit quelquefois visiter, avec une inimitable simplicité, son successeur, dans un palais au-

---

que MM. Obwexer, banquiers à Augsbourg, avoient avancée sur sa caution à différens émigrés devenus insolvables.

trefois le sien (1), et où tous deux se prévenoient de respect et d'égards.

C'est ainsi qu'il passa les dernières années de sa vie, au sein d'une famille et d'amis dont il faisoit la consolation, et regretté de ses anciens diocésains.

Enfin ce digne prélat, dans lequel ont brillé toutes les qualités et toutes les vertus, et que l'on peut appeler l'un des plus parfaits modèles des évêques et du clergé de France, après avoir traversé les jours mauvais sans participer à la contagion, et mis à profit un long et honorable exil, a vu avec calme, avec résignation et avec le consolant témoi-

---

(1) Un jour M. de Juigné dit à M. du Belloy, qui le reconduisoit : « Ne vous dérangez pas, Monseigneur, je » connois parfaitement bien le chemin ». Ces deux prélats s'estimoient réciproquement. Aussitôt que le siége de Paris fut proposé à M. du Belloy, il écrivit à M. de Juigné, à Augsbourg, et lui dit qu'il n'accepteroit qu'à son refus. M. de Juigné fut très-sensible à ce procédé honnête et délicat.

gnage d'une longue vie consacrée toute entière aux bonnes œuvres, à son Dieu, à son Roi, approcher ses derniers momens, auxquels il étoit depuis longtemps préparé, disant souvent, comme saint Paul, et avec la même confiance : « Je suis comme une victime qui a déjà » reçu l'aspersion pour être sacrifiée, et » le temps de ma mort approche. J'ai » bien combattu, j'ai achevé ma course ; » j'ai gardé la foi, il ne me reste plus » qu'à espérer la couronne de justice qui m'est réservée. *Ego enim jam delibor, et tempus resolutionis meæ instat. Bonum certamen certavi, cursum consummavi, fidem servavi. In reliquo reposita est mihi corona justitiæ, quam reddet mihi Dominus.* (II Epist. Tim. ch. IV.)

Etendu, défaillant sur le lit de douleur, toujours calme au milieu des souffrances, il consoloit encore sa famille et ses amis fondant en larmes.

Ayant reçu avec la foi la plus vive les derniers sacremens, le 19 mars 1811, il s'endormit dans le Seigneur, du sommeil des justes, dans la quatre-vingt-troisième année de son âge, et fut inhumé dans le cimetière commun.

Dans le service que lui fit le chapitre métropolitain, M. l'abbé Jalabert, vicaire-général, prononça son oraison funèbre. Au retour du Roi, M. l'abbé de La Myre, vicaire-général, aujourd'hui évêque du Mans, en ayant obtenu la permission, en qualité de délégué du chapitre, fit exhumer et transporter le corps de M. de Juigné dans le caveau de l'église de Notre-Dame, destiné à la sépulture des archevêques.

M. de Juigné n'existe plus ; mais l'intérêt qu'il a inspiré pendant sa vie ne sauroit périr, non plus que sa mémoire.

Les principales autorités de Châlons se feront un devoir d'unir leurs regrets à ceux des autres citoyens. Des sages dévoués à l'*utilité publique* envisageront comme étroitement unie à cette utilité l'attention à recueillir tout ce qui peut éterniser la mémoire de celui qui chercha toujours plus à faire le bien qu'à paroître l'avoir fait. La société d'agriculture, du commerce, des sciences et des arts du département de la Marne, proposa, en 1816 et années suivantes, pour sujet d'un prix, l'éloge de M. de Juigné, comme évêque de Châlons, archevêque de Paris, et l'un des fondateurs de l'ancienne académie de Châlons.

M. de Juigné n'existe plus; mais, grâces à la divine Providence, qui veille sans cesse sur l'édifice sacré contre lequel les portes de l'enfer ne prévaudront jamais, il existe encore de ces colonnes solides que les temps mauvais n'ont pu renverser, de ces rochers inébranlables contre lesquels sont venus se briser les flots orgueilleux d'une philosophie impie et sacrilége. Il existe encore de saints et doctes pontifes, parfaits modèles des évêques et du clergé de France, dont on pourra dire un jour, comme de M. de Juigné : « Ses grandes » actions furent la joie de Jacob, et sa » mémoire sera éternellement en béné- » diction ». *Et lætificabat Jacob in operibus suis, et in sæculum memoria ejus in benedictione.* (Lib. I. Mach. ch. III, v. 7.)

PIÈCES JUSTIFICATIVES.

N°. Ier.

Constance, le 20 juillet 1797.

« Ah ! si la divine Providence permet, dans sa miséricorde, que les espérances que nous avons conçues se réalisent, nous emploierons encore, dans notre malheureuse patrie, d'une manière bien méritoire, au bien de la religion, au service de l'Eglise et à la sanctification de nos concitoyens et de ceux qui ont persévéré, malgré tant de difficultés, d'obstacles et de dangers, et de ceux qui ont été emportés par le torrent, et dont le salut éternel nous est toujours cher, malgré leur aveuglement, leur ingratitude et leurs excès, tout ce qui nous reste de force.

Avec quelle joie je sacrifierois les dernières années, peut-être les derniers jours, à rassembler les pierres du sanctuaire dispersées, à rappeler les peuples égarés à Dieu, à Jésus-Christ, à sa religion sainte, le plus solide fondement du bonheur de l'homme et de la tranquillité des sociétés ; et quelle joie de travailler encore avec vous à l'œuvre de Dieu » !

N°. II.

De Constance, le 1er. décembre 1797.

« C'est de Dieu seul, c'est de sa bonté et de sa miséricorde que j'espère le salut de notre trop malheureuse patrie ; confiance, résignation à sa volonté sainte, prières ferventes et continuelles : voilà toute ma politique. Mais combien je fais de vœux pour que la Providence divine ne permette pas que le flambeau de la foi s'éteigne en France, et pour le retour de l'ordre, de la justice, de la religion et de la monarchie » !

N°. III.

Du château de Wollenburg, le 15 novembre 1797.

« Grand Dieu, que de maux nous accablent ! Ah ! combien nous sommes malheureux ! *Fiat voluntas*. Résignons-nous, et espérons dans la miséricorde de notre Dieu, toujours juste, toujours saint, toujours grand, et dont nous devons adorer les impénétrables décrets, et profitons de nos épreuves pour expier nos péchés et mériter une meilleure patrie ».

N°. IV.

Constance, le 17 juillet 1798.

« Ah! si nous pouvions voir l'ordre rétabli dans notre France, nos augustes Princes y rentrer, et la religion y refleurir, quelle consolation nous en ressentirions! Sans doute nos travaux seroient immenses; mais, enfin, ce seroit avec bien de l'empressement que nous sacrifierions notre repos, notre vie toute entière, au salut de nos malheureux compatriotes, si étrangement égarés ».

N°. V.

A Erckeim, le 12 septembre 1799.

« Voilà une liste bien affligeante! Comment pourra-t-on jamais remplacer tant de fidèles ministres du premier et du second ordre, sans que le clergé ait pu se renouveler? comment pourra-t-on suffire à donner aux fidèles des pasteurs et des guides, et les secours spirituels dont ils auront un si grand besoin! Ces pensées sont bien désolantes. Il faut s'en reposer dans le sein de la divine Providence. Dieu saura, s'il le veut, susciter des enfans à Abraham, des pierres mêmes. Ne cessons donc de mettre notre confiance en lui, sans nous écarter de la plus entière soumission à ses impénétrables décrets. Que sa sainte volonté soit faite ».

N°. VI.

A Erckeim, le 28 mars 1799.

« Nous voilà donc replongés au fond de l'abîme ! Obligés de quitter Constance, nous nous étions retirés dans la petite ville d'Uberlinguène, de l'autre côté du lac, trois lieues de Constance, n'étant plus dans le domaine de l'empereur, attendu que cette petite ville est libre et impériale, et que la guerre se préparoit contre l'empereur et contre l'Empire. Nous espérions pouvoir y rester; mais, au bout de quinze jours, il a fallu en partir précipitamment, attendu que les François ont annoncé qu'ils alloient prendre, dans l'Allemagne, les positions qui leur convenoient, et nous nous sommes rendus ici avec beaucoup d'embarras, de fatigues et de dépenses. Le lieu que nous habitons est un village situé à huit ou dix lieues en deçà des frontières de la Bavière. Nous y éprouvons toutes sortes d'incommodités, obligés, hommes, femmes et enfans, de coucher à terre ou sur la paille. Néanmoins nous voudrions bien encore pouvoir y rester, afin d'éviter les frais énormes d'un plus long voyage, qui excède nos moyens, car nous sommes entièrement épuisés; mais il ne faudroit qu'un échec reçu par l'archiduc Charles, pour nous obliger de reculer précipitamment jusque dans la Bavière, et nous précipiter dans de nouveaux frais, tandis que nous n'avons pas de quoi subvenir au nécessaire. La position de tous nos François, prêtres et autres émigrés qui étoient à Constance et dans cette partie de l'Allemagne, est vraiment déplorable. Ils ne savent où aller, où reposer leur tête. Les provinces voisines où ils seroient en sûreté leur sont fermées; obligés de se porter çà et là, tantôt sur un point, tantôt sur un autre, sans argent, sans moyens, etc. C'est le plus triste tableau que l'on puisse imaginer. Il me pénètre de tristesse et me perce le cœur. Nous avons distribué beaucoup de secours; mais les fonds destinés à cette œuvre excellente sont presque épuisés. Nous espérons toujours que la divine Providence, qui ne nous a pas abandonnés jusqu'ici, continuera à nous secourir. Encore si, à la suite de tant de malheurs et de souffrances de toute espèce, nous pouvions être assurés que notre sainte religion persévérera et refleurira dans notre France ! O mon Dieu, c'est bien là l'objet de nos vœux les plus ardens » !

N°. VII.

Lettre de M. l'abbé Lambert, à M. l'abbé Barruel.

MONSIEUR,

« Je viens de voir imprimée la lettre que vous avez reçue de Paris, suivie d'une note d'envoi, signée de vous. J'avoue que rien ne peut égaler ma surprise, surtout d'après la conversation que nous avons eue ensemble quelques jours auparavant.

Vous vous rappelez, Monsieur, qu'informé de l'existence de cette lettre et de l'espèce de publicité que vous lui donniez par la plus étendue communication, je crus devoir vous en demander lecture. Ayant trouvé M. l'archevêque de Paris cité à deux endroits, je vous fis voir, par les lettres originales de ce prélat, que votre correspondant ou avoit été trompé ou vous trompoit. Je ne doutois pas que cela, réuni peut-être à beaucoup d'autres considérations, ne dût vouer cette lettre à l'oubli. Cependant la voilà imprimée, répandue avec affectation, et mon respect pour Mgr. l'archevêque, à qui je suis personnellement attaché, et qui m'honore de sa confiance et de sa correspondance ici, ne me permet pas de garder le silence.

Je me bornerai uniquement à ce qui regarde

Mgr. l'archevêque, et cela pourra suffire pour juger la confiance que mérite votre correspondant et la prudence de l'impression. Cette lettre est datée de Paris, du 13 juin. Celle que je vous ai montrée de Mgr. l'archevêque est du 7 juin, d'Augsbourg. Pour qu'elle ne fût pas postérieure à ce qu'auroit pu connoître ce prélat, votre correspondant, il faudroit, ce qu'on ne peut supposer, et que Mgr. l'archevêque eût changé de façon de penser bien subitement, et qu'une lettre du 8 juin eût pu arriver à Paris le 12; donc la lettre que je vous ai communiquée, Monsieur, est postérieure à ce que votre correspondant a pu savoir le 13. Cependant, ce même jour, il vous mande : *Plusieurs évêques se sont prononcés, les uns en permettant, les autres en ordonnant cette promesse; parmi les premiers est Mgr. l'archevêque de Paris, etc.* Or, ce prélat me mande du 7 juin : « Quant à la promesse de fidélité, je » n'ai point de délibération écrite et motivée de » MM. les grands-vicaires de Paris. Je leur ai demandé de me faire connoître les interprétations » qu'ils disent être légales et très-légales. Ils m'ont » parlé de ce qu'en avoit dit le journal du Gouvernement, et m'ont ajouté que plusieurs sénateurs, très-bons pour les sentimens, ont assuré » que tel étoit l'esprit du Gouvernement, et que

» l'on pouvoit être certain que l'explication du » journal étoit approuvée par le Gouvernement. » J'avoue que j'ai trouvé ces interprétations bien » douteuses pour la légalité , et bien peu suffi- » santes. Voilà où j'en suis ».

Votre correspondant cite un passage d'une lettre, dit-on, de Mgr. l'archevêque, sous le nom d'*Antoine*, qui pourroit faire croire qu'il a foibli sur le serment de haine. Le passage est ainsi conçu : *Ce serment paroît inadmissible; mais, vu la moralité et les lumières du grand nombre de ceux qui l'ont prêté, je n'ose les condamner. Ils n'ont pas perdu leurs pouvoirs, et les fidèles peuvent continuer à s'y adresser.* Des motifs puissans pourroient peut-être avoir dicté ces paroles à Mgr. l'archevêque ; mais votre correspondant auroit dû ne pas s'en tenir là, et dire l'opinion bien connue de Mgr. l'archevêque sur ce serment. Voilà ce que j'ai ici de sa main sur cet objet, dans une lettre du 24 octobre 1797.

Je compte que vous êtes bien peiné de ce qui s'est passé à Paris à l'occasion de la nouvelle formule que l'on a prescrite. Je n'aurois jamais pensé qu'on eût pu se soumettre à une forme scandaleuse et révoltante. On donne des explications, mais elles sont forcées et insuffisantes. Les principes doivent passer devant tout.

Je trouve, en outre, dans un recueil d'opinions de nos seigneurs les évêques sur ce serment, une Instruction pastorale de Mgr. l'archevêque de Paris, datée de Constance, où sont ces mots : « Le serment de haine à la royauté est une horreur : il » ne peut être justifié, de quelque manière qu'on » l'envisage, et les raisons que vous alléguez sont » forcées, inexcusables et inadmissibles ».

Constance, 7 juin 1800.

ANT.-ÉLÉON., archev. de Paris.

D'après tout cela, Monsieur, je crois avoir suffisamment éclairé sur la confiance que mérite votre correspondant, et sur la convenance de l'impression d'une lettre où se trouvent des faits dont la fausseté ou l'inexactitude vous étoient connues avant cette impression. Je ne me permettrai aucune réflexion. Il me suffit d'avoir rendu à la vérité et à Mgr. l'archevêque de Paris ce que je leur dois, et d'avoir mis les autres à portée de le leur rendre.

J'ai l'honneur d'être, etc.

L'abbé LAMBERT, secrétaire de Mgr. l'archevêque de Paris.

Londres, 22 juillet 1800.

www.ingramcontent.com/pod-product-compliance
Ingram Content Group UK Ltd.
Pitfield, Milton Keynes, MK11 3LW, UK
UKHW020156200726
13856UKWH00003B/1027